Im Einklang mit sich selbst

Cornelia Dehner-Rau

Im Einklang mit sich selbst

Die eigenen Bedürfnisse erkennen und ernst nehmen

Patmos Verlag

Wichtiger Hinweis:
Die in diesem Buch enthaltenen Informationen, Hinweise und Übungen wurden nach bestem Wissen der Autorin erstellt und sorgfältig geprüft. Sie ersetzen jedoch nicht den persönlich eingeholten (psycho-)therapeutischen oder medizinischen Rat. Verlag und Autorin können für Irrtümer oder etwaige Schäden, die aus der Anwendung der dargestellten Informationen, Hinweise oder Übungen resultieren, keine Haftung übernehmen. Deren Nutzung bzw. Durchführung erfolgt auf eigene Verantwortung der Leserinnen und Leser.

Die Verlagsgruppe Patmos ist sich ihrer Verantwortung gegenüber unserer Umwelt bewusst. Wir folgen dem Prinzip der Nachhaltigkeit und streben den Einklang von wirtschaftlicher Entwicklung, sozialer Sicherheit und Erhaltung unserer natürlichen Lebensgrundlagen an. Näheres zur Nachhaltigkeitsstrategie der Verlagsgruppe Patmos auf unserer Website www.verlagsgruppe-patmos.de/nachhaltig-gut-leben

Bibliografische Information der Deutschen Nationalbibliothek
Die Deutsche Nationalbibliothek verzeichnet diese Publikation in der Deutschen Nationalbibliografie; detaillierte bibliografische Daten sind im Internet über http://dnb.d-nb.de abrufbar.

2. Auflage 2023

Verlagsgruppe Patmos in der Schwabenverlag AG, Ostfildern
www.verlagsgruppe-patmos.de

Umschlaggestaltung: Finken & Bumiller, Stuttgart
Druck: CPI books GmbH, Leck
Hergestellt in Deutschland
ISBN 978-3-8436-0992-0

Inhalt

Einleitung

Dieses Buch ist eine Entwicklungsgeschichte, geschrieben in einer Zeit, in der ich etliche Lebenserfahrungen bereits gemacht habe. Wenn im Außen vieles erreicht ist, geht der Blick mehr nach innen. Ich frage mich, was im Leben wirklich wichtig ist, was sinnhaft ist, wie ich mit dem, was ich bisher gelernt habe, möglichst selbstwirksam leben möchte und wie ich mich mit den Quellen des Seins, dem eigentlichen Wesen verbinde. Beruflich und privat habe ich mich intensiv mit zwischenmenschlichen Beziehungen auseinandergesetzt, Einblick in zahlreiche Lebensgeschichten erhalten sowie in die zahlreichen Möglichkeiten, das eigene Leben zu gestalten. Je mehr Wissen ich gewonnen habe, desto demütiger bin ich geworden. Ich habe mir über Jahre angeschaut, wie wir Menschen miteinander umgehen, mit welchen Konflikten wir uns auseinandersetzen, wie wir trotz Widrigkeiten versuchen, ein Gleichgewicht herzustellen, um unsere Bedürfnisse befriedigt zu bekommen. Dieses »Gleichgewicht« ist im ständigen Fluss, jede Lebensphase verlangt Flexibilität und Mut zur Veränderung, das Annehmen dessen, was ist. Leid wird vergrößert, wenn wir uns dagegen wehren, uns nicht dem Leben hingeben können, weil wir noch zu viel Angst und zu wenig Vertrauen haben, weil uns das Leben vielleicht auch gelehrt hat, eher misstrauisch und vorsichtig zu sein.

Was kommt nach den Enttäuschungen, wenn sich manche unserer Hoffnungen und Erwartungen nicht erfüllt haben, sich vielleicht als Illusion erwiesen haben? Was bleibt – Ernüchterung oder Erkenntnisgewinn? Halten wir fest oder können wir loslassen?

Egal, wo Sie gerade im Leben stehen – es ist gut, sich in der Lebenskunst, der Ars vivendi, weiterzuentwickeln. Dieses Buch soll nicht als klassischer Ratgeber verstanden werden und möchte Ihnen auch gar keine Ratschläge geben. Es ist eher als unterstützender Begleiter gedacht, wenn Sie Ihren eigenen Lebensstil, Ihren eigenen Weg suchen und finden wollen. Vermutlich wollen Sie nicht erst am Ende Ihres Lebens realisieren, was Ihnen gefehlt hat, wo Sie in Ihrem eigenen Gefängnis gesessen haben, steckengeblieben sind in

Ihrem psychischen Wachstums- und Reifungsprozess, getrennt von Ihrer Lebendigkeit.

Es geht um nicht weniger als um die Befriedigung der eigenen Bedürfnisse in einer Welt, die nicht immer passt, die oft nicht zur Verfügung stellt, was wir gerade brauchen. Wie kann es trotzdem gelingen, sich in dieser Welt zurechtzufinden, ein Gefühl der Zugehörigkeit zu entwickeln bei gleichzeitiger Abgrenzung und Entwicklung der eigenen Identität, im Bemühen darum, das ganz eigene Leben zu leben? Genau das ist Lebenskunst. Jeder von uns hat kreatives Potential, das es zu entdecken und zu fördern gilt. Für Kunst an sich braucht es Phantasie, Vorstellungskraft, Hingabe, Im-Fluss-Sein, Zugang zu Gefühlen, Ausdrucksmöglichkeiten durch Formen und Farben, Sprache und Symbole, ein Zusammenspiel von Materiellem und Spirituellem. Wie können wir die Farben des Lebens erkennen, die ganze Bandbreite der Gefühlspalette? Was macht uns stark genug, die Gefühle auszuhalten, wenn sie drohen, uns zu überfordern? Wie kann es uns gelingen, in einer Welt, in der das Leben oft nicht fair zu Menschen ist, ein sinnhaftes, erfülltes Leben zu führen? Welche Modelle stehen uns zur Verfügung, die wir nutzen können, um jeden Tag so bewusst, verantwortlich und selbstfürsorglich wie möglich zu gestalten? Wer die Kunst des Lebens beherrscht, kann erspüren, was wann dran ist, nimmt wahr, was nicht mehr passt und welche Schritte zu gehen sind. Das Leben ist ein lebenslanger Entwicklungsprozess, an dessen hoffentlich stimmigem Ende sich der Kreis schließt. Wer sein Leben gelebt hat, kann es loslassen.

Lassen Sie sich doch einmal auf die folgenden Reflexionsfragen ein:

> Sind Sie ganz zufrieden mit Ihrem Leben, spüren aber irgendwie, dass da noch etwas fehlt?
> Stellen Sie vielleicht fest, dass Sie Ihr bisheriges Leben zu passiv, zu angepasst an die Erwartungen anderer gelebt haben? Wollen Sie herausfinden, wie Sie aktiver Einfluss nehmen können, auch wenn Sie dabei auf etliche Hindernisse stoßen werden, für deren Überwindung es Mut, Kraft und Selbstvertrauen braucht?
> Haben Sie vielleicht das Gefühl, schon ganz viel zu wissen, aber irgendetwas hindert Sie daran, das, was Sie wollen, auch entsprechend umzusetzen?

Ahnen Sie womöglich, dass es noch unerschlossene Quellen gibt, deren Potential Ihnen aber vielleicht auch etwas Angst macht (es soll ja keine Flutwelle werden)?

Um Erfüllung im Leben erfahren zu können, brauchen wir eine Wahrnehmung für das Wesentliche, für die Essenz, für die verborgenen Schätze hinter der Menge an Reizen und vermeintlichen Glücksbringern.

Der Begriff »Wachstum« wird vielfach verwendet. Ökonomisch gedacht sind wir Konsumenten, die noch mehr konsumieren sollen, damit die Wirtschaft wächst. Gleichzeitig sind wir die Leistungsträger, die die Konsumgüter produzieren, die dann werbewirksam vermarktet werden sollen. Die Medien zeigen uns, was wir scheinbar brauchen, was wir haben müssen, um besser zu leben. Bei der Werbung gehört die Manipulation mit dazu. Es werden Wünsche geweckt, die wir vorher vielleicht gar nicht hatten. Es werden Haltungen und Einstellungen vermittelt, die dort Konkurrenz anstacheln, wo wir uns eigentlich mehr inneren Frieden wünschen.

Und trotzdem können wir uns »der Masse« nicht ganz entziehen, wir befinden uns im Spannungsfeld zwischen Dazugehörenwollen und dem Wunsch, die eigene Authentizität zu bewahren.

Ich habe mir eine ganze Weile überlegt, mit welcher Haltung ich dieses Buch schreiben will. Ich möchte das Komplizierte einfacher machen, wesentliche Erkenntnisse auf den Punkt bringen, mich frei von allzu theoretischen Modellen machen. Es wird hier nicht um eine neue Methode gehen, auch nicht um ein »Patentrezept« für ein besseres Leben. Mir ist wichtig, Erfahrungen in Sprache mit Bildern, Symbolen und Geschichten auszudrücken, damit Ihr eigenes kreatives Potential angeregt wird, Sie selbst Expertin/Experte darin werden, wie Sie Ihr Leben am besten gestalten. Kein anderer als Sie selbst kann wissen, was Sie jetzt gerade brauchen, wo Sie überfordert sind, was Sie sich wünschen, was Ihnen Leid verursacht oder was Sie glücklich macht. Damit Sie dies herausfinden können, enthält dieses Buch – vor allem in den Kapiteln 5 und 6 – viele Reflexionsfragen. Diese müssen Sie nicht alle nacheinander »abarbeiten«. Lesen Sie sie einfach in Ruhe durch und lassen Sie sich von denjenigen Fragen zur Selbstreflexion anregen, die Sie ansprechen. Die anderen können Sie einfach beiseitelassen.

Ziel dieses Buches ist, Ihnen zu ermöglichen, beim Lesen in die eigene Entwicklungsgeschichte einzutauchen, einen Weg der Selbstreflexion zu gehen, der Sie mehr zu sich selbst führt. Sie können es auch als eine Expedition verstehen, eine Reise in ein neues Land oder auch in ein bekanntes Land, wo es noch viel Neues zu entdecken gibt. Sie können verschiedene Perspektiven einnehmen, Ihr Denken und Fühlen erweitern, neugierig auf Ihre eigenen Vorstellungen und Ideen sein.

Lassen Sie sich darauf ein und seien Sie gespannt, wie groß und bunt die Leinwand Ihres Lebens ist, welche bewegenden Momente sichtbar werden, welche Gefühle Ihre eigene Geschichte in Ihnen auslöst. Ich wünsche Ihnen, dass Sie sich damit annehmen und weiterentwickeln können.

I. Leben in Zeit und Raum

Das Leben spielt sich in der Gegenwart ab. Die Vergangenheit hat uns allerdings geprägt. Was wir denken und fühlen, hängt mit von unseren Vorerfahrungen ab, und diese beeinflussen uns bis heute. Und unser Blick geht immer auch nach vorne in die Zukunft. Wir setzen uns Ziele (kurz-, mittel- oder langfristige), für die eine Motivation bestehen muss (zum Beispiel einen Beruf zu erlernen, eine Familie zu gründen, ein Haus zu bauen). Dafür strengen wir uns an, weil wir dadurch die Existenz sichern, Teil eines sozialen Netzwerkes sind, uns eine bessere Lebensqualität versprechen, Sinn finden.

Wenn Sie Vergangenheit, Gegenwart und Zukunft betrachten, können Sie sich fragen, mit welcher dieser Zeitebenen Sie gedanklich, aber auch emotional am meisten beschäftigt sind.

Leben in der Vergangenheit

Vielleicht wünschen Sie sich alte Zeiten zurück, die in Ihrer Erinnerung als »golden« erscheinen: Sie waren jünger, gesünder, kräftiger, hatten Hoffnungen und waren voller Erwartungen. Vielleicht gab es Wünsche und Träume von der »wahren Liebe«, von gemeinsamen Kindern, von Erfolg, Wohlstand und Frieden. Selbst wenn sich einiges davon erfüllt hat, werden Sie die Erfahrung gemacht haben, dass es auch Verluste, Enttäuschungen und Misserfolge gegeben hat. Wenn Sie aus heutiger Sicht rückblickend feststellen, dass diese Erfahrungen Teil Ihres Lebens sind, Sie vielleicht sogar daran wachsen konnten, wird die Vergangenheit keine großen Schatten auf Ihr jetziges Leben werfen.

Es kann aber auch sein, dass Sie mehr in der Vergangenheit als in der Gegenwart leben, alte Ängste Sie immer wieder einholen, die Trauer um Verlorenes nicht stattfinden konnte oder frühere Bedürfnisse nicht gestillt wurden (zum Beispiel nach Sicherheit, Nähe, Fürsorge, Wertschätzung). Ist da eine Sehnsucht, ein Hunger, ein Schmerz, wenn Sie genauer hinspüren?

Möglich ist auch, dass Sie sich wie abgeschnitten von Ihrer Vergangenheit fühlen, wenig bewusste Erinnerungen vorhanden sind, Sie Gedanken daran eher vermeiden, vielleicht sogar trotzig den Blick nach vorne richten. In diesem Fall könnte die Vergangenheit trotz aller Vermeidungsversuche »Schatten« auf Ihr jetziges Leben werfen:

Können Sie wenig Ihre eigenen Gefühle spüren? Fehlt es an innerer Lebendigkeit?
Halten Sie es kaum aus, mit sich alleine zu sein, brauchen Sie ständige Ablenkung?
Funktionieren Sie, aber Sie wissen gar nicht so richtig, was Sie brauchen, was Sie sich wünschen?
Orientieren Sie sich eher an den Bedürfnissen anderer? Reagieren Sie auf das, was von außen kommt, anstatt dass Sie Impulsen aus Ihrem Inneren nachgehen?
Haben Sie das Gefühl gelebt zu werden?

Leben in der Gegenwart

Eine bewusste Wahrnehmung im Hier und Jetzt ist nur möglich, wenn die damit verbundenen Gedanken, Gefühle und Körperempfindungen ausgehalten werden können. Ist dies nicht der Fall, werden wir eher versuchen, sie zu vermeiden. Stellen Sie sich vor, Sie sind bedroht, leiden unter starken Schmerzen oder haben gerade einen schweren Verlust erlitten. Wenn eine Situation zu belastend wird, unsere Bewältigungsmöglichkeiten nicht ausreichen, um etwas in unser Bewusstsein zu lassen, steht der Selbstschutz an erster Stelle. Dann kann es eine sinnvolle Überlebensstrategie sein, dem gegenwärtigen Leben nicht so viel Raum zu geben, es mehr oder weniger auszublenden, sich gedanklich vielleicht eher mit der Hoffnung auf eine bessere Zukunft zu beschäftigen, insbesondere dann, wenn diese Hoffnung auf vergangenen Erfahrungen von Sicherheit und sozialer Unterstützung beruht. Dies ist z. B. auch bei Menschen der Fall, die traumatische Erfahrungen machen mussten oder noch machen.

Wenn wir voraussetzen, dass es in der Gegenwart keine akute Bedrohung gibt, ist eine bewusste und achtsame Wahrnehmung im

Hier und Jetzt der Schlüssel, um sich lebendig zu fühlen, im emotionalen Kontakt mit sich und anderen zu sein. Nur wenn man sich gut wahrnimmt, kann man letztendlich gut für sich selbst sorgen. Sonst weiß man nicht wirklich, was man jetzt gerade braucht. In sozialen Beziehungen bedarf es ebenfalls eines Gespürs für die aktuelle Situation, das Gegenüber, die eigenen Grenzen und die Grenzen der anderen.

Wenn wir das moderne Leben in der Gegenwart betrachten, gibt es Gefahren, die nichts mit akuter Bedrohung zu tun haben, langfristig aber negative Auswirkungen haben. Kennen Sie das auch, dass im Alltag viele Menschen um Sie herum mit ihrem Smartphone beschäftigt sind? Menschen im Restaurant an einem Tisch nicht mehr miteinander kommunizieren, sondern jeder seine Aufmerksamkeit woanders hinlenkt? Im Urlaub in neuer Umgebung die aktuellen Reize kaum wahrgenommen werden, weil auch hier das Virtuelle dominiert? Joggende Menschen in der Natur, die Stöpsel in den Ohren haben und Musik, aber nicht mehr die Vogelstimmen hören oder auch die Stille wahrnehmen? Solche Gewohnheiten können dazu führen, dass unsere Aufmerksamkeit kaum auf die jetzige Situation gerichtet wird, sondern immer woanders hin. So lernen wir nicht beziehungsweise verlernen wir, achtsam im Moment zu sein, uns selbst und was uns umgibt, mit allen Sinnen wahrzunehmen: zu sehen, zu hören, zu riechen, zu schmecken, zu tasten, letztendlich auch zu erkennen und zu verstehen. Was wir nicht wahrnehmen, werden wir auch nicht als sinnliche, emotionale Erinnerung abspeichern. Über den Verstand können wir benennen, wo wir waren, was wir gemacht haben. Womöglich fehlt dem Erleben aber die Tiefe, das Lebendige. Die ständige mediale Beschäftigung und Erreichbarkeit vermittelt uns kurzfristig das Gefühl, ein sehr aktives Leben zu führen, vernetzt zu sein mit vielen Menschen, die uns an ihrem Leben teilhaben lassen. Doch was wird kommuniziert? Führt dieser Austausch wirklich zu neuen Erkenntnissen, die Bedeutung für das eigene Leben haben? Oder geht es nur darum, sich irgendwo zugehörig zu fühlen?

Die moderne Technik erlaubt uns auch eine Kontrolle über unsere Körperfunktionen (zum Beispiel durch das Messen von Blutdruck, Puls und Muskelleistungen). Man kann sich fragen, ob dadurch das Vertrauen in den Körper gestärkt wird oder ob die Wahrnehmung für den Körper mehr und mehr abgegeben wird, man den Rückmeldungen der Technik mehr traut als dem eigenen Körpergefühl. Das, was wir üben, wird am besten gelernt. Man kann die Wahrnehmung des Hier und Jetzt, des Körpers, der sinnlichen Reize auch verlernen, wenn die Aufmerksamkeit an ein technisches Gerät gekoppelt ist, das bei allen Möglichkeiten, die es bietet, auch eine Reduktion der realen Kommunikation und Sinneswahrnehmungen darstellt.

Leben in der Zukunft

Es geht hier nicht um Science-Fiction. Beobachten Sie vielmehr mal Ihre Gedanken im Alltag:

Sind Sie häufig damit beschäftigt, den Tag mit seinen Aufgaben zu planen, immer schon einen Schritt voraus zu sein, abzuhaken, was Sie am Ende des Tages geschafft haben wollen oder müssen? Kommt Ihnen immer mal wieder in den Sinn, was Sie eigentlich gerne machen möchten, dass Sie sich Ihr Leben ganz anders vorgestellt oder gewünscht haben? Verschieben Sie diese Wünsche und Bedürfnisse auf später (wenn es beruflich leichter wird, wenn die Kinder groß sind, wenn das Haus abbezahlt ist, wenn der Ruhestand eintritt)?

Natürlich gibt es in verschiedenen Lebensphasen unterschiedliche Prioritäten und Aufgaben. Wir können nicht alles gleichzeitig leben. Wenn wir es trotzdem versuchen, geraten wir in die bekannten Konfliktfelder. Alles soll parallel bewerkstelligt werden: Beruflich erfolgreich sein, Kinder großziehen, sich körperlich fit halten, Freundschaften und Hobbys pflegen und die vielen Alltagsaufgaben (Haushalt, Steuererklärung et cetera) sind ebenfalls nicht zu vergessen.

Wenn Sie das Gefühl haben, dass jeder Tag Sie schafft, die Alltagsbewältigung durchaus noch funktioniert, Sie aber eine gewisse Leere spüren, sich eine schleichende Erschöpfung einstellt, trösten Sie sich dann damit, dass es irgendwann besser wird?
Betrachten Sie Ihr Leben vielleicht wie einen Hürdenlauf, bei

dem Sie Hürde für Hürde nehmen, das Ziel aber allzu fern oder gar nicht klar ist?

Entscheidend wird sein, ob man die Hürden als sinnhaft verstehen kann, ob man sich mit ihrer Hilfe weiterentwickelt. Befindet man sich dabei allerdings in einem Wettlauf, den andere ausrichten, an dem man eigentlich gar nicht teilnehmen wollte, werden Motivation und Kraft eher schwinden. Je länger man dann einfach weitermacht – bis zur Erschöpfung –, desto weniger Kraft wird man für den eigenen Weg aufbringen können. Man läuft und läuft und verschiebt tiefere Bedürfnisse auf eine diffuse Zukunftsvorstellung. Wenn Hürden jedoch Teil eines weitgehend selbstbestimmten Lebens sind, können sie Entwicklungsaufgaben und Herausforderungen darstellen. Durch sie trainiert man Fähigkeiten wie Ausdauer, Geduld, Frustrationstoleranz, man kann sich über Erfolge freuen und lernen, Misserfolge zu bewältigen. Wie fühlt es sich aber an, wenn andere einem Steine in den Weg legen, die Hürden zu hoch sind, um sie wirklich nehmen zu können? Wenn noch dazu ein sinnvolles Ziel fehlt, man fremdbestimmt oder überfordert ist, wird man eher das Gefühl eines nicht endenden Marathonlaufes haben, bis einem die Lebensenergie ausgeht.

Die Bedeutung von Zielen

Der Blick in die Zukunft kann problematisch sein, wenn es vor allem darum geht, die Hürden zu antizipieren, die auf einen zukommen werden. Er ist jedoch dann sinnvoll, wenn es darum geht, sich die eigenen Lebensziele zu vergegenwärtigen.

Kurzfristige Ziele beziehen sich auf jeden Tag, vielleicht auch nur auf die nächste Stunde oder die nächsten Minuten.

Wenn man morgens aufwacht, braucht man eine gewisse Motivation, um aufzustehen. Wer schon einmal eine depressive Phase durchlebt hat, weiß, wie schwer das sein kann, wenn der Antrieb fehlt, sich eher Gefühle von Sinnlosigkeit und Gleichgültigkeit ausbreiten. Kurzfristige Ziele sind dann besonders sinnvoll, wenn wenig Kraft vorhanden ist, wenn man sich überfordert fühlt. Da geht es z. B. um Fragen wie:

Was kann ich tun, damit es mir jetzt ein bisschen besser geht?
Was brauche ich, was braucht mein Körper? Habe ich Hunger oder bin ich satt? Habe ich genug Flüssigkeit zu mir genommen? Fehlt mir der Schlaf oder schlafe ich ohne Erholungseffekt, weil ich die Muskulatur nicht entspannen kann, der Kopf nicht zur Ruhe kommt?
Brauche ich soziale Unterstützung, einen Menschen, der mir Mut zuspricht, mir Hilfe anbietet?
Bin ich durch den eigenen hohen Anspruch an mich selbst unter Druck und überfordert?
Was kann ich tun, um selbstfürsorglicher mit mir umzugehen?
Was hindert mich daran?

Je schlechter es einem geht, desto kurzfristiger sollten die Ziele gesteckt werden – ganz im Sinne des »Prinzips der kleinen Schritte«. Hierbei geht es darum, dass man je nach Kraft und Vertrauen die Schritte so wählt, dass sie umsetzbar sind. Jeder noch so kleine Schritt ist ein Schritt nach vorne. Dafür nötig sind eine gute Selbstwahrnehmung und eine realistische Selbsteinschätzung, die nicht nur depressiven Menschen oft abhandengekommen sind, aber wieder erlernbar sind. Hilfreich sind in diesem Zusammenhang Übungen zur Achtsamkeit im Hier und Jetzt:

Versuchen Sie, achtsam mit den Augen wahrzunehmen, was Sie um sich herum sehen. Vielleicht bleibt Ihr Blick an einem schönen Gegenstand hängen, den Sie gar nicht mehr bewusst wahrgenommen haben. Sie können ihn in die Hand nehmen, ihn ertasten, Form und Oberflächenbeschaffenheit erspüren. Sie können sich auch auf die Farbe konzentrieren, Gedankenassoziationen bilden. Vielleicht weitet sich in diesem Moment Ihre zuvor eingeengte Wahrnehmung.
Hören Sie Musik, die Sie mögen oder einmal gemocht haben. Beobachten Sie, ob Sie mitschwingen können, ob es Ihre Stimmung verändert, Ihr Körper Bewegungsimpulse hat.
Wenn Sie ein Glas Wasser trinken, können Sie einmal ganz bewusst Schluck für Schluck nehmen, spüren, wie die Flüssigkeit über Mund und Speiseröhre in den Magen gelangt. Es gibt Menschen, die unterschiedliche Wassersorten kosten wie bei einer Weinprobe.

Beißen Sie in ein Stück Brot, kauen Sie, bis sich der ganze Geschmack in Mund und Nase entfaltet, um dann den schon im Mund vorverdauten Bissen zu schlucken, sodass der Magen es leichter hat.

Mittelfristige Ziele beziehen sich auf einen Zeitraum der nächsten Tage, Wochen oder Monate.

Unser Alltag dreht sich zwar häufig auch um kurzfristige Ziele, doch gerade, wenn es um berufliche Projekte geht, um familiäre Termine oder Planungen mit Freunden, haben wir es mit mittelfristigen Zielen zu tun. In unseren sozialen Systemen gibt es eine Vorausplanung des Kalenderjahres oder des Schuljahres, der Verteilung der Ferien- und Urlaubszeiten. Diese vorgegebene Struktur kann hilfreich sein, um zum Beispiel Vorfreude auf Angenehmes zu entwickeln. Manchmal mag sie aber auch als einengend erlebt werden, wenn sie nicht so gut zu den individuellen Bedürfnissen passt.

Motivierend kann sein, wenn man sich nach anstrengenden Aufgaben das mittelfristige Ziel setzt, sich mit einer Erholungsphase zu belohnen und diese auch schon im Voraus plant. Auch hier bedarf es wieder einer guten Selbstwahrnehmung, um auf diese Weise so fürsorglich wie möglich mit sich selbst umgehen zu können.

Der Körper kennt viele Rhythmen: den Schlaf-wach-Rhythmus, Phasen der Anspannung und der Entspannung, im Nervensystem den Wechsel von Sympathikus- und Parasympathikusaktivierung, den Rhythmus von Energiezufuhr und Verdauung. Auch verschiedene Körperfunktionen haben einen Tag-Nacht-Rhythmus: In der Nacht gibt es eine gute Durchblutung der Entgiftungsorgane Leber und Nieren, ein Absenken von Blutdruck, Puls und Körpertemperatur, und für einen erholsamen Schlaf braucht man die Entspannung der Muskulatur. Unterstützen kann man den Körper in diesen Rhythmen allein schon dadurch, dass man diese nicht ständig stört: Wichtig ist das Einhalten der Tag-Nacht-Rhythmen, im Wachzustand der Wechsel zwischen An- und Entspannung, indem man sich nach aktiven Konzentrationsphasen in Pausen wieder erholt, körperlich braucht es neben der Ruhe auch die Bewegung.

Besondere Ausgleichsmöglichkeiten sind nötig, wenn der Alltag von diesen Rhythmen abweicht (zum Beispiel bei Schichtarbeit oder Reisen mit Zeitverschiebungen). In unserem modernen Leben gibt es Tendenzen in Richtung Grenzenlosigkeit und Auflösung der natürlichen Rhythmen: Im Beruf werden Arbeitszeiten und Pausen nicht mehr eingehalten, Schüler haben, teils bedingt durch die Schulzeitverkürzung, längere Schultage, eine Mittagspause gibt es oft nicht mehr, stattdessen isst man was zwischendurch, es fehlt womöglich an geregelten Mahlzeiten mit entsprechend Zeit und Raum.

Die Digitalisierung bringt es mit sich, dass eine Erreichbarkeit rund um die Uhr möglich ist und damit auch die entsprechenden Erwartungen des sozialen Umfelds verbunden sein können. Wer jedoch ständig »online« ist und sich auch nachts dem Licht von Computerbildschirm und Smartphonedisplay aussetzt, verwehrt dem Körper womöglich die nötige Dunkelheit, die eine wesentliche Voraussetzung für die Einleitung der Schlafphase ist (das Schlafhormon Melatonin wird verstärkt bei Dunkelheit ausgeschüttet).

Langfristige Ziele beziehen sich auf Jahre und gehen durchaus auch mit Vorstellungen einher, die über das aktuelle Lebensmodell hinausreichen. Eine beliebte Frage in der Psychotherapie ist: »Wie soll Ihr Leben in fünf Jahren aussehen?« Wenn man gerade in einer schwierigen Lebensphase steckt, kann eine solche Zukunftsvorstellung hilfreich sein, weil man gedanklich vorwegnimmt, dass man sich in fünf Jahren weiterentwickelt hat. Visionen in die Zukunft können ein Wegweiser sein und aufzeigen, wie man eigentlich leben möchte, was jetzt vielleicht fehlt, was einen bisher daran gehindert hat oder was man bräuchte, um sich dieser längerfristigen Perspektive nähern zu können.

Die Beschäftigung mit langfristigen Zielen kann Hoffnung wecken, aber nur dann, wenn man ein gewisses Maß an Kraft und Vertrauen hat. Nach dem Leben in fünf Jahren zu fragen, ist auch deshalb eine beliebte Therapeutenfrage, weil zu dem Zeitpunkt, zu dem sich jemand Hilfe holt, eine Veränderungsmotivation besteht oder zumindest die Hoffnung, dass man Unterstützung bekommt. Wenig hilfreich ist es dagegen, wenn man erschöpft und ohne Ausrüstung vor einem großen Berg steht und gleichzeitig den Anspruch hat, ihn um jeden Preis zu besteigen.

Wenn man unzufrieden mit seinem Leben ist und in einem erschöpften Zustand zum Beispiel damit hadert, das Abitur oder das Wunschstudium nicht gemacht zu haben, wird die Beschäftigung mit dem langfristigen Ziel eines erfüllenden Berufs gerade nicht dafür sorgen, dass man Energie und Selbstvertrauen gewinnt.

Wenn man dagegen aus einer gewissen Stabilität heraus (oder weil man dabei Unterstützung hat) sein bisheriges Leben betrachtet und sich dafür Zeit und Raum nimmt, in Kontakt zu kommen mit Wünschen, die über den Alltag hinausgehen, kann dies sehr hilfreich sein, um neue Impulse für sein Leben zu gewinnen.

Richtungswechsel auf dem Lebensweg brauchen einen gewissen Weitblick und Vorlauf. Dies ist auch ganz real so: Stellen Sie sich vor, Sie sind auf einer Wanderung, und das Ziel ist relativ weit weg. Sie werden entsprechend Ihrer Bedürfnisse Etappen festlegen, eine Unterkunft einplanen und ausreichend Proviant einpacken, also Schlaf und Nahrung berücksichtigen. Bei längerfristigen Veränderungen im Leben geht es ebenfalls darum, einzelne Schritte zu machen, die bei entsprechender Kraft auch größer sein können. Anstatt weiter zu hadern, dass man etwas versäumt hat, könnte man überprüfen, wie realistisch es ist, etwas nachzuholen, oder aber sich aktiv von einem früheren Wunsch verabschieden, weil er im jetzigen Leben nicht mehr den Stellenwert haben müsste, den er gegenwärtig noch hat. Es geht um die aktive Entscheidung, ob man die Mühen, ein langfristiges Ziel noch zu erreichen, auf sich nehmen will und kann, weil die Motivation und die nötigen Mittel vorhanden sind, oder ob man lieber die Alternativen zu diesem Ziel prüft, die zur aktuellen Lebenssituation vielleicht besser passen.

Mut zur Veränderung

Eine aktive Haltung ermöglicht, sich nicht als Opfer der Umstände zu erleben, sondern bewusster und selbstwirksamer sein Leben in die Hand zu nehmen. Auch wenn sich die äußere Situation nicht verändert, macht es einen Unterschied, ob man sich mit seinen Lebenszielen auseinandersetzt, deren Umsetzung auf Realisierbarkeit überprüft und über die dafür nötigen Schritte nachdenkt, oder ob man die Verantwortung abgibt, sich vielleicht sogar ohnmächtig und ausgeliefert fühlt. Man kann sich entscheiden, ob man sich mit der Situation anfreundet oder diese verändern möchte. Sollte man nach genauer Prüfung zu dem Schluss kommen, dass eine Veränderung nicht möglich ist, kann man sich im Weiteren darauf konzentrieren, wie man aus der Situation das Beste macht.

Angenommen, man befindet sich beruflich in einer Situation, in der man über die Jahre hinweg zunehmend bemerkt, dass das System nicht mehr passt, dass man immer weniger zu der Tätigkeit stehen kann, sich eher fremdbestimmt fühlt. Dann könnte eine Prüfung der beruflichen Situation so aussehen:

Hat sich meine Situation am Arbeitsplatz im Vergleich zu früher objektiv verschlechtert (z. B. Mehrarbeit ohne Mehrbezahlung, schlechteres Arbeitsklima, Konflikte mit Kollegen oder Vorgesetzten, Verschiebung der Aufgaben hin zu Inhalten, die weniger sinnvoll erscheinen)?
Habe ich mich selbst in eine Richtung weiterentwickelt, die nicht mehr zur aktuellen beruflichen Situation passt? Bin ich vielleicht aus einem zu engen System herausgewachsen?
Habe ich Möglichkeiten, die aktuelle Situation günstig zu beeinflussen (z. B. durch Konfliktklärung, Gehaltsverhandlung, räumliche Verbesserungen, Änderung der Arbeitszeiten)?
Gibt es berufliche Alternativen? Welche?
Was hält mich in der jetzigen Situation? Brauche ich die Sicherheit des vertrauten Arbeitsplatzes? Bin ich ortsgebunden und hängt daran mein ganzes Familiensystem (z. B. Schule der Kinder, Arbeitsplatz des Partners, Haus)? Was würde eine Veränderung unter diesen Umständen bedeuten?
Wie fühlt es sich an, wenn ich mir die einzelnen Alternativen vorstelle (sofern es welche gibt)? Welche Ängste kommen dabei auf? Welche Energien werden dabei frei?
Wenn es um Veränderung geht: Welche Schritte sind notwendig und was braucht man, um sie machen zu können (zum Beispiel soziale Unterstützung durch Menschen, denen man vertraut und die dazu fähig sind; finanzielle Mittel; mehr Kraft und Selbstvertrauen)?

Die Antworten auf solche Fragen kann man sich nur selbst geben. Sich damit auseinanderzusetzen erfordert einen gewissen Mut, weil man sich damit auch der belastenden Situation annähert, mögliche Konsequenzen an sich heranlässt, vielleicht auch den Schmerz, wenn man realisieren muss, dass unter den gegebenen Umständen größere Veränderungen derzeit nicht umsetzbar sind.

Was ist der Gewinn einer solchen Auseinandersetzung? Wenn man sich aktiv und bewusst mit sich selbst und der Situation beschäftigt, wird man differenzierter Einfluss nehmen können

- auf die Situation,

- auf Gedanken und Bewertungen,
- auf die damit verbundenen Gefühle,
- auf Körperempfindungen und Körperreaktionen.

Das Beste aus der Situation zu machen, könnte bedeuten:
- Man versucht, ihre positiven Aspekte zu würdigen: Beim Vergleichen mit den Alternativen kommt man vielleicht zu dem Schluss, dass das, was man derzeit hat, doch nicht so schlecht ist, wie es auf den ersten Blick aussah. Dann kann man die Situation auch eher annehmen, muss nicht mehr so viel Kraft ins Hadern stecken.
- Man könnte sich damit beschäftigen, was man als Ausgleich braucht, wie man sich stärken kann, um sich von der beruflichen Belastungssituation besser abzugrenzen.
- Man könnte sich Zeit zur Entwicklung geben und die gestellten Fragen zu einem späteren Zeitpunkt wiederholen. Vielleicht ist dann die Zeit reif, um größere Veränderungen einzuleiten, weil man sich weiterentwickelt hat, die äußeren Bedingungen anders geworden sind (z. B. die Kinder sind erwachsen geworden, nach einer Trennung besteht keine Abhängigkeit mehr vom Partner).

Zusammenfassende Gedanken

Vielleicht haben Sie sich über die Beschäftigung mit den vorausgegangenen Inhalten besser verortet, können bewusster einordnen, wo Sie stehen. In Bezug auf die verschiedenen Zeitebenen haben Sie womöglich bemerkt, dass es nicht um eine Bewertung geht, es nicht besser oder schlechter ist, mehr mit der Vergangenheit, der Gegenwart oder der Zukunft beschäftigt zu sein. Es geht vielmehr darum, zu verstehen, warum die Vergangenheit noch so viel Raum einnimmt (beispielsweise wenn es um bisher nicht verarbeitete Erfahrungen geht, was oft bei traumatischen Ereignissen der Fall ist). Oder warum ein Leben in der Gegenwart so schwierig sein kann (beispielsweise wenig Wahrnehmung des Hier und Jetzt, zu viel Ablenkung, Überforderung, die man sich nicht eingestehen kann, überwiegend Reagieren auf Äußeres, kaum Raum und Zeit für sich selbst). Es geht darum, warum es unter Belastungen sogar kurzfristig sinnvoll sein kann, sich zeitweise mit den vergangenen oder zukünftigen Zeitebenen zu befassen. Der Blick in die Zukunft ist wichtig, um sich Ziele zu stecken, welche die Grundlage jeder Motivation sind.

Lassen Sie uns jetzt noch einmal auf die zeitliche Einordnung in kurz-, mittel- und langfristig schauen: Wenn man sein bewusstes Denken und Fühlen nicht »einschaltet«, sondern eher seinen unbewussten Impulsen folgt, wird man überwiegend danach handeln, was kurzfristig entlastet oder was einen Anreiz darstellt. Solche »Kurzschlusshandlungen« laufen schnell ab, weil dabei im Gehirn der kürzere Weg unter Umgehung des regulatorischen Einflusses von Stirnhirn und Großhirn genommen wird. Ähnlich werden bei Dingen, die man oft macht und die zu Gewohnheiten werden, im Gehirn bestimmte Nervenverknüpfungen schneller gebahnt. Man kann sich das wie ausgetretene Wege vorstellen oder Autobahnen. So lässt sich erklären, warum Menschen nicht selten gegen ihren eigentlichen Willen handeln. Wenn es kurzfristig um einen »Lustgewinn« oder um »Unlustvermeidung« geht und man sich nicht die Zeit und den Raum nimmt, die langfristigen Folgen zu bedenken, macht man Dinge wie:

- dem lockenden Duft einer Bäckerei folgen und etwas Leckeres essen, obwohl man zuvor gar keinen Appetit gehabt hat und noch satt ist,
- in Stresssituationen und unter Zeitdruck durch ungesundes Essen schnell Energie aufnehmen, weil man sich wie im Überlebenskampf fühlt, diese Energie körperlich aber gar nicht verbraucht,
- bei Sorgen und Überforderung Alkohol trinken (oder zu anderen »Drogen« greifen), um sich kurzfristig zu beruhigen und um scheinbar besser schlafen zu können,
- sich kurzfristigen »Belohnungen« zuwenden (z. B. schnellen Erfolgen beim Computerspiel), wenn die Realität eher frustriert,
- zur Unlustvermeidung, wenn es etwa um unangenehme Aufgaben geht, auf alle möglichen Ablenkungen reagieren, wofür z. B. ein Smartphone bestens geeignet ist,
- den Kontakt mit sich selbst vermeiden, wenn zum Beispiel Trauer oder Schmerz sich Raum nehmen möchten – nach dem Motto: »Es gibt im Alltag immer etwas zu tun.«

All diese Dinge haben kurzfristig positive Konsequenzen im Sinne des Lustgewinns oder der Unlustvermeidung. Doch was sind die langfristigen Konsequenzen, die man sich über den etwas aufwendigeren Weg im Gehirn – durch Nachdenken und durch bewusstes Wahrnehmen – klarmachen kann? Stellen wir uns vor, was passieren könnte, wenn man jedem angenehmen Reiz folgt oder alles Unangenehme vermeidet:

- Man isst zu viel und ungesund, nimmt die eigentlichen Bedürfnisse des Körpers nicht mehr wahr. Wenn man das häufig macht, wird man womöglich an Gewicht zunehmen, sich unwohler fühlen.
- Man betäubt sich mit Drogen, was aber die Probleme nicht löst. Andere Bewältigungsmöglichkeiten werden nicht geübt und gelernt. Wenn man das häufig macht, hat man ein Suchtproblem, die Selbstwirksamkeit wird weiter geschwächt.
- Wenn man sich immer mehr in virtuellen »Parallelwelten« aufhält, verliert man zunehmend den Bezug zur Realität, die aber das wirkliche Leben darstellt. Man riskiert damit womöglich langfristig soziale Beziehungen (Familie, Partnerschaft, Freunde) oder die Existenzgrundlage.
- Man unterdrückt die eigenen Gefühle und vermeidet den Kontakt mit sich selbst, wodurch jedoch die Selbstwahrnehmung und Selbstfürsorge beeinträchtigt werden. Wenn man den Kontakt zu sich selbst verliert, spürt man mit der Zeit vielleicht so etwas wie Leere, Gleichgültigkeit, hat irgendwelche wechselnden körperlichen Beschwerden, schläft nicht mehr so gut, ist unzufriedener, gereizter, weiß nicht mehr, was man eigentlich braucht und will.

Kurzfristig der Lust zu folgen und sich etwas Gutes zu gönnen, ist dann kein Problem, wenn man dazwischen immer mal sein Großhirn »einschaltet« und sich die langfristigen Konsequenzen bewusst macht, um in der Situation abzuwägen, wie hilfreich etwas ist, ob es sich wirklich lohnt.

In Bezug auf langfristig schädliche Gewohnheiten müsste man die ausgetretenen Wege verlassen, sich durch das Gestrüpp der unbekannten Möglichkeiten hindurchkämpfen und sich auf die noch nicht ausgebauten Wege wagen. Man müsste lernen, das Hier und Jetzt bewusster wahrzunehmen, auszuhalten, was gerade ist.

Dafür braucht es Zeit und Raum, auch weil der Weg im Gehirn etwas aufwendiger ist und durch regelmäßiges Üben erst gebahnt werden muss.

In unserer schnelllebigen Welt ist Zeit einerseits ein kostbares Gut, auf der anderen Seite gehen wir oft gedankenlos mit ihr um. Nehmen Sie sich einmal Zeit und Raum (zum Beispiel beim Lesen dieses Buches), um sich zu fragen:

Wie möchte ich meine freie Zeit nutzen?
Wie kann ich mir überhaupt freie Zeit schaffen?
Gibt es freie Zeit, die ich verschwende?
Wie kann ich langfristig für Lustgewinn und Unlustvermeidung sorgen?

Bei der letzten Frage kann es um Ziele gehen wie

- ein gutes Körpergefühl,
- genussvolles Essen,
- angemessene Bewegung,
- Möglichkeiten der Selbstberuhigung und Selbsttröstung,
- soziale Unterstützung,
- Wahrnehmung von Grenzen,
- Wahrnehmung von Bedürfnissen und Wünschen,
- Planung realistischer Schritte,
- Erleben von Sinn und Verbundenheit.

2. Kraftquellen

Kraftquellen werden als Ressourcen bezeichnet. Dieser Begriff wird auch verwendet, wenn es um Quellen materieller Art geht. Schauen wir uns an, woraus wir schöpfen können, wie wir Quellen erschließen, verfügbar machen, in Fluss bringen.

Die moderne Psychotherapie hat erkannt, dass unabhängig von den verschiedenen Verfahren, ob sie nun verhaltenstherapeutisch, tiefenpsychologisch oder psychoanalytisch fundiert sind, ein »beidäugiges Sehen« wichtig ist. Mit beiden Augen sehen heißt, neben dem, was stört, Probleme macht, krank ist, auch das zu erkennen, was bisher geholfen hat und nach wie vor hilfreich ist, was gut und gesund ist, was man kann, was einen als Menschen ausmacht. Kurz: All das zu erkennen, was bereits vorhanden ist.

Die Kunst des Lebens besteht darin, Dinge aus unterschiedlichen Perspektiven zu betrachten: den Blick von Zeit zu Zeit zu weiten, um ihn dann wieder zu fokussieren, sich zu entfernen, um sich dann wieder anzunähern.

Eine ressourcenorientierte Herangehensweise bewertet nicht gleich, sondern ist möglichst unbefangen und neugierig-offen, wahrnehmend im Hier und Jetzt.

Wie viele Generationen haben darunter gelitten, dass ihnen schon früh die Flügel gestutzt wurden, noch bevor sie überhaupt das Fliegen ausprobieren konnten? Wie lange hat es gebraucht, bis Kinder nicht mehr als kleine Erwachsene betrachtet wurden? Wie viel Furcht vor Kontrollverlust und wie viel Machtstreben haben dazu geführt, dass Staat und Kirche über Jahrhunderte Angst als Druckmittel eingesetzt haben, um Systeme zu schaffen, welche die Menschen einengen, statt ihnen zu Freiheit und selbstbestimmter Entwicklung zu verhelfen?

Strukturen von Macht und Unterdrückung hat es schon immer gegeben. Menschen sollen sich möglichst anpassen, der Geist nicht zu frei sein. Solche Systeme beruhen darauf, dass einige wenige die Maßstäbe bestimmen und »die Masse« entsprechend funktioniert. Glücklicherweise leben wir in einer Demokratie, wo die Macht vom Volk ausgehen soll. Die modernen Systeme scheinen sehr liberal zu sein, jede Lebensform ist möglich. Man könnte meinen, wir waren noch nie so frei wie heute. Fühlen Sie diese Freiheit? Diese Frage können wir aus verschiedenen Perspektiven betrachten: Im Vergleich zu denjenigen, die unter einer Diktatur leben müssen, haben wir sicher viele Freiheiten. Im Vergleich zu Menschen aus Kriegsgebieten geht es uns sicher gut. Im Vergleich zu Menschen, die verhungern, haben wir sicher alles, um zu überleben. Und doch haben wir das Recht, auch nach unseren eigenen Ressourcen zu fragen. Um was soll es also gehen, wenn wir von den Quellen des Lebens, der Essenz des Lebens sprechen?

Kommen wir vom Gesamtsystem auf den individuellen Lebenskosmos. Erlauben Sie mir noch die Nebenbemerkung, dass Wirtschaftssysteme auch nicht mehr nur »die Masse« im Blick haben, sondern sich dank der modernen Medien ganz besonders für das individuelle Leben interessieren, um ganz individuell zugeschnittene Angebote zu machen. Man könnte meinen, die Erfüllung von Wünschen und die Befriedigung von Bedürfnissen waren noch nie so leicht wie heute. Jedenfalls suggeriert uns das die Werbung, die ja für sich schon ein wesentlicher Wirtschaftsfaktor ist. Nehmen Sie das selbst auch so wahr? Oder haben Sie eher das Bedürfnis, sich davon abzugrenzen, um nicht vereinnahmt und manipuliert zu werden?

Doch mit den Ressourcen, die wir ergründen wollen, sind nicht Statussymbole gemeint. Davon wollen wir doch unser Selbstwertgefühl nicht abhängig machen, oder? Ich will Sie mit diesen Ausführungen nicht irritieren, sondern eher das Bewusstsein weiten für die Komplexität unserer modernen Welt. Ob wir wollen oder nicht, wir sind Teil solcher Systeme. Ganz können wir uns nicht entziehen. Aber wir können herausfinden, wie wir in größtmöglicher Freiheit und Selbstbestimmung leben wollen.

Wenn man weltweit und kulturübergreifend untersucht, welche Ressourcen Menschen nutzen und brauchen, findet man Bereiche wie

- soziale Beziehungen,
- die Natur,
- Kreativität,
- Spiritualität,
- Bewegung,

- Musik,
- Sinn für Schönheit.

Diese Aufzählung ließe sich noch unendlich fortsetzen. Sie können sich, wenn Sie möchten, eine Liste machen, was Ihnen an persönlichen Kraftquellen einfällt. Orientieren können Sie sich bei Ihrem Brainstorming an Fragen wie:

Was gibt mir Halt und Sicherheit?
Was beruhigt mich?
Was genieße ich?
Wer tut mir gut?
Was kann ich gut?
Woran glaube ich?
Worauf bin ich stolz?
Was fordert mich heraus?
Was bringt mich zum Lachen?

Vielleicht fällt Ihnen bei Ihrer Liste auf, dass es Kraftquellen in verschiedenen Lebensbereichen gibt, zum Beispiel Familie, Partnerschaft, Beruf, Freunde/Bekannte, Hobbys, Spiritualität.

Verschiedene Lebensbereiche

Das Leben spielt sich nicht nur in einem Bereich ab. Darum ist es gut, wenn die Ressourcen sich verteilen.

Stellen Sie sich vor, das Leben bestünde – abgesehen von Schlafen und Nahrungsaufnahme – fast nur noch aus Arbeit. Selbst wenn die Arbeit Freude bereitet und sinnstiftend ist, kann es schwierig werden, wenn diesbezüglich Veränderungen eintreten: Man wird älter, die Leistungsfähigkeit lässt nach, irgendwann kommt der Ruhestand. Und dann? Veränderungen können auch abrupter eintreten: Der Arbeitsplatz geht verloren, die Arbeitsbedingungen verschlechtern sich oder man wird krank. Dann ist es gut, die anderen Lebensbereiche nicht völlig vernachlässigt zu haben, sondern auf unterstützende soziale Beziehungen zurückgreifen zu können, Interessen außerhalb der Arbeit zu haben und zu wissen, was körperlich und seelisch guttut, das Selbstwertgefühl stärkt.

Eine eher einseitige Ausrichtung könnte sich auch auf den Bereich Bewegung und Sport beziehen. Körperliche Bewegung gehört fast schon zu den Grundbedürfnissen und ist besonders geeignet, um Vertrauen in den eigenen Körper zu entwickeln oder Stress zu regulieren. Allerdings kann es schwierig werden, wenn der Stellenwert von vielleicht sogar leistungsbezogenem Sport zu hoch wird und darüber anderes vernachlässigt wird, erst recht wenn der Körper nicht mehr so mitmacht, wenn man aus Gesundheits- oder Altersgründen den eigenen Anspruch in Sachen Bewegung an neue Bedingungen anpassen muss. Die Kunst liegt bei der Bewegung darin, durch eine gute Selbst- und Körperwahrnehmung das richtige Maß zu finden, sich zu fordern, aber nicht ständig über die Grenzen zu gehen.

Überprüfen Sie Ihren eigenen Anspruch und Ihre Motivation:

Wollen Sie sportliche Leistung erbringen, um Ihren Selbstwert zu stabilisieren?
Wollen Sie Ihre Ausdauer und Kraft stärken?
Treten Sie in Konkurrenz und vergleichen sich oft mit anderen?
Setzen Sie den Sport zur Stressregulation ein?
Haben Sie Gewichtsprobleme oder Angst vor Gewichtszunahme und treiben deswegen Sport?

Es gibt viele Motivationen, die man auch gleichzeitig haben kann. Generell erfüllt körperliche Bewegung Funktionen wie

- Stärkung von Muskulatur und Ausdauer,
- stimmungsaufhellende und angstreduzierende Wirkung,
- verbessertes Körpergefühl,
- Training des Wechsels von An- und Entspannung,
- günstiger Einfluss auf Stoffwechsel und Energiehaushalt.

Flexibilität

Um Ressourcen möglichst lebenslang nutzen zu können, ist die Fähigkeit hilfreich, auf Veränderungen flexibel zu reagieren und den eigenen Anspruch an die aktuellen Bedingungen anzupassen. Nehmen wir noch einmal die körperliche Bewegung als Beispiel. Der Körper verändert sich mit dem Alter. Man kann diese Entwicklung durch regelmäßige Bewegung günstig beeinflussen, aber nicht aufhalten. Viel Leid entsteht, wenn man gegen die Natur ankämpft, vielleicht sogar Angst davor hat, älter zu werden. Es gibt einen großen Markt, der diese Angst nutzt und vorspiegelt, man könnte den Kampf gewinnen. Nicht umsonst hat unter anderem die Zahl der »Schönheits«-Operationen zugenommen.

Sie können sich fragen, welches Selbstbild Sie von sich haben:

Kann ich mich annehmen, wie ich bin?
Kämpfe ich gegen meinen Körper?
Werde ich durch Schönheitsideale beeinflusst?
Kann ich mich dem Leben, den Entwicklungs- und Alterungsprozessen hingeben?
Was alles hängt an meinem Körper- und Selbstbild? Mein Selbstwert? Die Anerkennung und Zuwendung anderer? Mein Leistungsanspruch?

Möglicherweise stellt sich bei der Suche nach Antworten eine neue Frage: Wie kann ein selbstfürsorglicher Umgang mit dem Körper aussehen? Auch hier liegt der Schlüssel in einer guten Wahrnehmung körperlicher Bedürfnisse und Grenzen.

Körperliche Grundbedürfnisse

Nahrung

Der Körper besteht zu 70 Prozent aus Wasser. Ohne Flüssigkeit würden wir innerhalb weniger Tage verdursten. Um unsere Körpersubstanz zu erhalten und die Stoffwechselvorgänge zu gewährleisten, brauchen wir Energie, die wir in Form von Eiweiß, Kohlenhydraten und Fett zu uns nehmen. Wenn wir die natürlichen Signale unseres Körpers gut wahrnehmen, haben wir ein Durstgefühl, ein Hungergefühl und ein Sättigungsgefühl. Wir führen dem Körper das zu, was er braucht, nicht mehr und nicht weniger.

Doch so einfach ist es leider nicht. Sonst gäbe es weder die Zivilisationskrankheit Übergewicht noch Essstörungen. Warum sind diese so häufig? Haben wir verlernt, die natürlichen Signale des Körpers wahrzunehmen? Wollen der Kopf und der Körper das Gleiche? Ist genussvolles Essen ohne schlechtes Gewissen möglich?

Unsere Gedanken und Bewertungen haben neben der Körperwahrnehmung einen entscheidenden Einfluss auf die Nahrungsaufnahme.

Ein kurzer Rückblick in die Steinzeit: Im Überlebenskampf ging es darum, nicht zu verhungern oder zu verdursten. Das evolutionäre Erbe unseres Körpers ist, bei einem Überangebot die Nahrungsenergie als Reserve für Notzeiten zu speichern. Um Nahrung zu beschaffen oder sich in Sicherheit zu bringen, gab es für den Körper die beiden Optionen Kampf bzw. Flucht. Durch diese überlebensnotwendige Bewegung wurde die aufgenommene Energie schnell wieder verbraucht. Heute ist die Nahrungsbeschaffung für den Einzelnen nicht mehr so energieaufwendig wie in der Steinzeit. Wenn wir mehr Nahrung zu uns nehmen, als wir verbrauchen, nehmen wir in der Regel an Gewicht zu. Hungerzeiten schaffen wir künstlich, wenn wir eine Diät machen. Der Körper lernt dann, mit weniger Energie auszukommen, geht auf »Sparflamme«. Das erklärt den »Jo-Jo-Effekt« nach Diäten: Geht man nach reduzierter Kalorienzahl wieder auf die frühere Energieaufnahme zurück, verwertet der Körper diese Energie besonders gut, rüstet sich damit schon für die nächste Hungerzeit. Es gibt nicht wenige, die beklagen, dass sie trotz Diäten langfristig nicht abnehmen, sondern eher noch zunehmen. Trotzdem sind die Zeitschriften voller Diätvorschläge und versprechen eine rasche Gewichtsabnahme für die »Bikinifigur«. Eine schnelle Gewichtsabnahme führt meist auch wieder zur Zunahme. Der Körper gerät in einen Hungerzustand und versucht, die Reserven so gut wie möglich wieder aufzufüllen. Setzt man eine Gruppe von gesunden, normalgewichtigen, nicht essgestörten Menschen auf die Hälfte der üblichen Kalorienzahl, werden diese zu einem großen Teil Heißhunger entwickeln und diesem bei entsprechendem Nahrungsangebot auch nachgeben. Wie kann man bei Übergewicht dann abnehmen? Es ist nicht der schnelle Weg, nicht die »Blitzdiät«. Er ist aber einfacher als die ganzen tollen Diätvorschläge.

Wie bereits im ersten Kapitel beschrieben, brauchen wir Zeit und Raum auch beim Essen und Trinken. Wir müssen in der Lage sein, uns im Hier und Jetzt wahrzunehmen, auch was unseren Körper betrifft. Es lohnt sich, zu untersuchen, welche Gedanken und Bewertungen man vor, während und nach dem Essen hat. Inwieweit es ein Gefühl für Hunger und Sättigung gibt. Wenn man schnell zwischendurch isst und der Körper unter Stress zudem das Signal bekommt, besonders viel Energie zu brauchen, hat man gar nicht die Zeit, das Sättigungsgefühl rechtzeitig wahrzunehmen. Dieses stellt sich nach etwa 20 Minuten ein. Bis dahin hat man vielleicht schon zu viel gegessen und fühlt sich dann »voll«.

Bei Gewichtsproblemen und Essstörungen (Magersucht, Ess-Brech-Sucht, Heißhungerattacken) sind Gedanken an das Essen häufig konflikthaft. Wer abnehmen möchte, isst oft mit schlechtem Gewissen, was den Genuss selbst bei wirklich gutem Essen schmälert. Wer unter einer Magersucht leidet, fühlt sich trotz objektiven Untergewichtes zu dick, hat Angst zuzunehmen und macht ganz viel, um das zu verhindern: Das wenige Essen wird zelebriert (zum Beispiel Milch aufgeschäumt, um das Volumen zu vergrößern), Sport wird exzessiv betrieben, um möglichst viel Energie abzutrainieren, der Körper wird manipuliert durch entwässernde Medikamente, Abführmittel oder Appetitzügler. Bei der Ess-Brech-Sucht (Bulimie) wird einer Gewichtszunahme entgegengewirkt, indem man aufgenommene (oft große) Nahrungsmengen wieder erbricht, den Essanfall versucht ungeschehen zu machen. Häufig geht das mit Scham- und Schuldgefühlen einher, ganz abgesehen von körperlichen Schädigungen (zum Beispiel Zahnschäden durch die Magensäure, Beschwerden in Speiseröhre und Magen, Elektrolytstörungen wie Kaliumverlust, was zu lebensbedrohlichen Herzrhythmusstörungen führen kann).

Heißhungerattacken, wenn sie häufiger auftreten und ihnen nachgegeben wird, führen zur Gewichtszunahme.

Mögliche Ursachen solcher Essstörungen können permanenter Stress und das (scheinbare) Bedürfnis nach einer Ersatzbefriedigung sein:

Permanenter Stress: Die meisten Menschen nehmen unter anhaltendem Stress zu und nicht ab. Wenn man sich überfordert fühlt und sich nicht die Zeit für die nötige Unterstützung oder die erforderliche Zeit zur Regeneration nimmt, wenn man Erschöpfung und Müdigkeit nicht ausgleicht, führt man die vermeintlich nötige Energie in Form von Nahrung zu. Der Körper stellt sich – wie in der Steinzeit – auf Kampf oder Flucht ein, das Gehirn meldet Heißhunger (oft auf Süßes, weil Zucker schnell ins Blut geht). Verstärkt wird dieser Mechanismus noch, wenn man nicht mehr regelmäßig isst. Beruflich sehr angespannte Menschen berichten nicht selten, dass sie nur einmal am Abend essen, dann aber manchmal die Kontrolle darüber verlieren. Obwohl sie nur einmal am Tag essen, beklagen sie eine Gewichtszunahme. Hier bräuchte es andere Möglichkeiten der Stressregulation.

Essen als Ventil oder Ersatzbefriedigung: Essen kann auch benutzt werden, um damit andere Bedürfnisse ersatzweise zu befriedigen. Wir kennen den Begriff »Frustessen«: Man tröstet sich mit Schokolade oder Ähnlichem, weil man frustriert, traurig, enttäuscht, einsam, überfordert, wütend oder gelangweilt ist. Kurzfristig kann das entlastend sein. Wenn das Essen in solchen Gefühlssituationen jedoch die einzige Bewältigungsstrategie ist, wird es langfristig zu negativen Konsequenzen kommen. Außer der Gewichtszunahme können das Schuldgefühle und ein negatives Selbstbild sein. Die wirklichen Bedürfnisse – etwa nach guten sozialen Beziehungen, nach Trost, nach Unterstützung – werden nicht befriedigt, stattdessen übernimmt das Essen die Funktion der Ersatzbefriedigung. Um dem gegenzusteuern, wären andere Wege der Gefühlsregulation hilfreich.

Dazu bedarf es zunächst einmal einer guten Selbstwahrnehmung: Wenn wir davon ausgehen, dass der Körper gewisse Regelmäßigkeiten und Rhythmen mag, um in seinen Funktionen unterstützt zu werden, was bedeutet das für die Nahrungsaufnahme?

Wichtig ist eine gewisse Regelmäßigkeit bei den Mahlzeiten: Die Anzahl kann variieren. Jeder kann für sich ausprobieren, ob es drei oder auch fünf sein sollen. Manche ziehen mehrere kleinere Mahlzeiten vor, andere wollen sich dreimal am Tag satt essen und verzichten auf Zwischenmahlzeiten. Wenn man als Flüssigkeit vorwiegend Wasser zu sich nimmt, kann man das über den ganzen Tag verteilen. Zu beachten ist, dass eine zu große Flüssigkeitsaufnahme zu den Mahlzeiten den Magen zwar schneller füllt, aber auch die Verdauungsenzyme verdünnt und damit die Verdauung erschweren kann.

Zur positiven Wertschätzung des Essens gehört auch der Zeitaspekt: Schon um Hunger- und Sättigungsgefühl wahrzunehmen oder die Wahrnehmung dafür wieder zu lernen, braucht man Zeit zum Essen. Auch der Genuss braucht Zeit. Wie soll der Geschmack sich entfalten, der Moment ausgekostet werden, wenn man das Essen hinunterschlingen muss? Wie kann man sich auf das Essen konzentrieren, wenn man in einem Raum voll anderer Reize ist, die auf einen einströmen? Gemeinsames Essen als geselliges Beisammensein ist etwas sehr Schönes, wenn man sich dafür Zeit nimmt. Anders verhält es sich womöglich mit der Mittagsmahlzeit in der Kantine, wo es sein kann, dass man unter Zeitmangel in einem lauten Raum beim Essen auch noch berufliche Themen diskutiert, was mit Kauen in Ruhe schon gar nicht vereinbar ist.

Ziel bei alldem ist es, das Essen (wieder) als Ressource wahrzunehmen und es ohne Reue zu genießen. Egal, wie viel Raum das Thema Essen und Nahrungsaufnahme im Leben einnimmt, man kommt nicht darum herum. Irgendwie führt man dem Körper das Nötigste zu, ausgenommen bei der Magersucht.

Basal gedacht ist Nahrungsaufnahme Energiezufuhr und eine Kraftquelle. Welche Verzerrung, wenn man Nahrungsmittel zu sich nimmt, die so gut wie keinen Brennwert haben (zum Beispiel »Light-Produkte«), aber angeblich den vollen Geschmack. Wie hilfreich ist es, den Körper so zu manipulieren? Der süße Geschmack der Zuckeraustauschstoffe suggeriert dem Körper, dass er Zucker bekommt. Entsprechend schüttet er als Gegenregulativ Insulin aus, um den Blutzucker wieder zu senken. Der niedrige Blutzuckerspiegel macht Hunger. Wie soll der gestillt werden?

Wie kann genussvolles Essen zur Ressource werden, ohne den Körper zu manipulieren? Dafür müsste der Kopf wissen, was der Körper braucht – und man müsste sich dementsprechend verhalten. Dieses Zusammenspiel ist aber womöglich gestört

- durch die Vorstellung, dass Essen dick macht;
- durch die Vorstellung, dass der Körper kontrolliert werden muss, seine Signale zu unterdrücken und zu bekämpfen sind;
- durch die Vorstellung, dass man nicht gut für sich sorgen darf, weil man es nicht verdient hat;
- durch die Manipulation von außen: Schönheitsideale, Magermodels, vorgegebene Ziele wie die »Traumfigur«, Vergleiche mit anderen und Konkurrenzdenken und die mangelnde oder verzerrte Körperwahrnehmung, die sich daraus entwickeln kann;
- durch rigide Vorstellungen, was für den Körper gut sein soll (zum Beispiel extreme Ernährungsformen, »Heilslehren«).

Gibt es *die* gesunde Ernährung? Darauf gibt es keine allgemeingültige Antwort, denn jeder Mensch is(s)t anders, der Geschmack unterscheidet sich, nicht jeder verträgt und mag alles. Die folgenden Reflexionsfragen können Ihnen helfen, dem auf die Spur zu kommen, was für Sie selbst die richtige Ernährung ist:

Warum mag ich manche Nahrungsmittel nicht?
Weil ich im Kopf habe, dass Gesundes nicht schmeckt?
Weil ich sie noch gar nicht probiert habe?
Weil ich durch viele Geschmacksverstärker im Essen verlernt habe, den natürlichen Geschmack zu schmecken?
Weil mich bestimmtes Essen an negative Erfahrungen von früher erinnert?
Weil ich es unabhängig von allen anderen Einflüssen einfach nicht mag?

Und warum esse ich manchmal Dinge, die mir nicht schmecken?
Weil ich gelernt habe, dass man isst, was auf den Tisch kommt?
Weil ich früher den Nachtisch erst bekommen habe, wenn ich vorher aufgegessen hatte?
Weil ich gar nicht recht weiß, was mir besonders schmeckt?
Weil es bestraft wurde, Wünsche zu äußern?
Weil ich etwas anderen zuliebe esse oder weil es sich in bestimmten Situationen so gehört?

Wenn ich mir ab jetzt erlauben würde, nur noch zu essen, was mir schmeckt, würde ich mich dann schlecht ernähren und nur noch Süßes oder Fettes essen?

Wie könnte es aussehen, wenn Kopf und Körper nicht gegeneinander kämpfen, sondern freundlich miteinander umgehen? Kann man dem Körper vertrauen, dass er Signale sendet, wenn ihm etwas fehlt?

Ich esse, um den Körper zu nähren, um ihm zu geben, was er braucht. Der Körper beschenkt mich mit Empfindungen, mit Möglichkeiten, mich zu bewegen – er macht wirklich alles, damit ich überhaupt lebensfähig bin (Kreislauf, Wärmehaushalt, Entgiftung etc.). Der Kopf will, dass es dem Körper gut geht. Dafür kann er sein Wissen nutzen (zum Beispiel auch über gesunde Ernährung), er nimmt aber auch die Signale des Körpers wahr (was er gut verträgt, worauf er Lust hat, was Wohlgefühle macht).

Welche Kunst beherrschen Menschen, die schlank sind, die das

Essen genießen und dabei das richtige Maß finden, ohne sich besonders kontrollieren zu müssen?

Vermutlich sind Kopf und Körper gut aufeinander abgestimmt, was voraussetzt, dass man sich spürt, mit sich im Kontakt ist, sich bewusst damit beschäftigt hat, was einem schmeckt und was nicht, was einem guttut, was den Körper langfristig gesund hält. Es geht um Achtsamkeit, Hinspüren, Annäherung, Beobachten und Verstehen. Wer sich und seinen Körper gut kennt, braucht langfristig nicht mehr so viel Zeit, um in jeder Situation neu zu entscheiden, was, wann und wie viel man essen möchte. Wer diese Erfahrung hat, kann an einer Eisdiele vorbeigehen und überprüfen, ob Lust auf ein Eis besteht und auf welche Sorte. Diese Person kann einschätzen, ob eine Kugel Eis von der passenden Sorte reicht oder ob es dem Körper und der Seele gerade in diesem Moment guttut, auch mehrere Kugeln zu essen. Sie kann hinter dieser Entscheidung stehen, ohne ein schlechtes Gewissen zu haben, weil sie Kopf und Körper im Einklang erlebt, in freundlichem Miteinander. Der Genuss des Eises wird dadurch größer, im Gehirn wird das Belohnungszentrum aktiviert. Ein sinnlicher Genuss, der Freude macht, wird als eine Erfahrung von Lebendigkeit, Lust, sich etwas Gutes tun abgespeichert. Das macht Leib und Seele satt.

Wenn Bedürfnisse befriedigt werden, sind sie auch gestillt. Es besteht dann nicht die Gefahr, dass man die Kontrolle verliert und aufgrund des Genusses maßlos Eis essen muss. Man kann seinem Körper vertrauen, dass er sich schon meldet. Manchmal weiß auch der Kopf besser, dass man lieber etwas nicht isst, weil er vorwegnehmen kann, wie man sich danach erfahrungsgemäß fühlt. Dieser gelungene Abgleich zwischen dem Verstand und dem Körper ist der Schlüssel zu einem genussvollen Essen, das Körper und Seele gleichermaßen nährt.

Schlaf

Neben der Nahrungsaufnahme gehört Schlaf zu den körperlichen Grundbedürfnissen und ist überlebenswichtig. Selbst bei schweren Schlafstörungen wird sich der Körper das Notwendigste an Schlaf holen. Für das Gefühl eines erholsamen Schlafes ist die Entspannung der Muskulatur entscheidend. Loslassen und Kontrolle abgeben können wir nur, wenn wir uns sicher fühlen, wenn wir ein gewisses Vertrauen haben und nicht ständig wachsam und auf der

Hut sein müssen. In belastenden Lebenssituationen erleben wir oft einen Mangel an Vertrauen. Wenn Ängste überwiegen, bemühen wir uns um Kontrolle, indem wir (über-)wachsam sind. Vielleicht verstehen Sie jetzt besser, warum es Zeiten im Leben geben kann, wo dieser innere Kampf zwischen dem Bedürfnis nach Kontrolle und Sicherheit und dem Wunsch, loslassen zu können, nicht wirklich auflösbar ist. Die Schlafstörung kann Ausdruck dieses Konfliktes sein.

Bei den Schlafstörungen unterscheidet man zwischen Einschlaf- und Durchschlafstörungen. Es gibt aber auch ein vermehrtes Schlafbedürfnis, bei dem trotz vermehrter Schlafstunden nicht der gewünschte Erholungseffekt eintritt. Nicht allein die Anzahl der Stunden entscheidet über das Ausmaß an Erholung, sondern auch die Schlafqualität. Die folgenden Reflexionsfragen können Ihnen helfen, sich der Qualität Ihres eigenen Schlafes bewusst zu werden:

Entspannt sich die Muskulatur?
Wie gut kann ich den Tag und die Gedanken im Kopf loslassen?
Habe ich Angst vor Albträumen?
Was brauche ich an Sicherheit, um abends den Tag loszulassen und Kontrolle abzugeben?
Fühle ich mich körperlich in der Lage zu entspannen, oder gibt es Hindernisse wie Ängste oder Schmerzen?
Was mache ich zur Entspannung und Erholung?

Bevor wir uns näher mit möglichen Belastungsfaktoren und hilfreichen Maßnahmen auseinandersetzen, möchte ich einige Bemerkungen zur »Schlafhygiene« machen. Der Begriff wird verwendet, wenn es um äußere Störfaktoren und deren Beeinflussung geht. Der Schlaf kann gestört werden durch Lärm, ganz gleich ob dieser nun von einem rücksichtslosen Nachbarn, vom Verkehr auf der Straße oder vom schnarchenden Partner herrührt. Um gut in den Schlaf zu kommen, sollte der Körper wohltemperiert sein: Kälte oder Hitze sind hinderlich. Haben Sie mal probiert, mit kalten Füßen einzuschlafen? Nachts regelt der Körper eine Vielzahl seiner Funktionen herunter (zum Beispiel Blutdruck, Stoffwechsel), das Schlafzimmer sollte deshalb nicht zu warm sein. Damit sich der Körper nachts erholen kann und nicht mit Verdauungsarbeit beschäftigt ist, sollte die letzte Mahlzeit am Abend nicht zu spät und nicht zu üppig sein. Wer sich direkt nach dem Essen in die Horizontale begibt, leidet womöglich unter Aufstoßen und Sodbrennen, weil es bei entsprechender Veranlagung zu einem Rückfluss vom Magen in die Speiseröhre kommt. Befördert wird das noch durch Alkohol und stark gewürzte oder süße Speisen. Kaffee und Tee enthalten wach machende oder wach haltende Stoffe (Koffein, Teein). Zur Schlafhygiene gehört, diese mehrere Stunden vor dem Schlafengehen nicht mehr zu sich zu nehmen, insbesondere, wenn man unter Schlafstörungen leidet. Bei manchen Menschen hat der Konsum von Koffein allerdings einen paradoxen Effekt: Diese Menschen schlafen dann besonders gut, doch das ist die Ausnahme. Angemessene körperliche Bewegung ist gesund, allerdings sollten gegen Abend keine sportlichen Höchstleistungen erbracht werden, das fährt den Körper wieder zu sehr hoch. Gegen einen Spaziergang ist nichts einzuwenden.

Was ist mit dem Stress? Wenn der Kopf nicht zur Ruhe kommt und um belastende Gedanken kreist, werden die Stresshormone im Blut hoch bleiben: Der Körper reguliert nicht herunter, um in einen Entspannungsmodus zu kommen, sondern bleibt in Anspannung, eingestellt auf Kampf oder Flucht. Selbst wenn man vor lauter Erschöpfung tatsächlich einschläft, verhindert die angespannte Muskulatur eine entsprechende Erholung. Wenn man den Stress am Tag nicht regulieren kann, wird man auch am Abend und in der Nacht nicht zur Ruhe kommen. Im Gegenteil: Sobald man nicht mehr so sehr von äußeren Einflüssen abgelenkt ist, sieht man sich womöglich noch mehr mit den Belastungen im Inneren konfrontiert. Man müsste also über Möglichkeiten der Stressregulation verfügen, die dazu beitragen, dass man sich bereits am Tag gut entspannen kann.

Dann gibt es noch den Begriff der Schlafeffizienz. Damit ist sozusagen eine qualitative Auswertung der Zeit gemeint, die man schlafend im Bett verbringt. Wer sich ins Bett legt, sofort einschläft und durchschläft, hat eine Schlafeffizienz von 100 Prozent. Die Anzahl der Stunden spielt hier keine Rolle. Sie können sich vorstellen, dass die Schlafeffizienz sinkt, wenn man stundenlang nicht einschlafen kann oder nachts immer wieder länger wach liegt. Womöglich verbringt man mehr Zeit wach im Bett als schlafend. Um die Schlafeffizienz zu erhöhen, müsste man dafür sorgen, dass man die

Zeit im Bett möglichst schlafend verbringt. Das heißt insbesondere bei Schlafstörungen, dass man das Bett nicht für andere Aktivitäten wie zum Beispiel Fernsehen, Lesen, Musik hören, Telefonieren oder Chatten nutzen sollte. Ziel ist es, wieder zu lernen, das Bett mit Schlafen zu verknüpfen.

Bei Einschlafstörungen geht man am besten erst zu einer Zeit ins Bett, zu der man sonst nach stundenlangem Wachsein eingeschlafen ist, und beschäftigt sich zuvor außerhalb des Bettes mit möglichst beruhigenden und entspannenden Aktivitäten: zum Beispiel Musik hören, eine Gute-Nacht-Geschichte lesen oder hören (keinen Psychothriller), malen, angenehme Sozialkontakte, bügeln oder was einem sonst noch dazu einfällt. Bei Durchschlafstörungen geht es darum, nachts das Bett zu verlassen, wenn man lange wach liegt und nicht wieder einschläft. Außerhalb des Bettes kann man sich mit entsprechenden beruhigenden Aktivitäten beschäftigen, bis man das Gefühl hat, jetzt nur noch schlafen zu wollen. Wenn man länger als etwa 30 Minuten wach im Bett liegt, steht man wieder auf. Die Schlafeffizienz ist die Zeit, die man schlafend im Bett verbringt.

Womöglich denken Sie jetzt, dass man mit diesem Vorgehen noch weniger als sonst schläft. In der Regel ist das nicht der Fall. Zugegeben: Zunächst schläft man wahrscheinlich tatsächlich nicht mehr. Aber es gibt einen Unterschied: Wenn man das Ziel hat, die Schlafeffizienz zu erhöhen und dieses Vorgehen wählt, ist man in einer aktiven Rolle und fühlt sich der quälenden Schlaflosigkeit weniger ausgeliefert. Man liegt dann nicht stundenlang mit dem Gedanken im Bett, jetzt schlafen zu müssen. Je mehr man sich dazu zwingt, desto weniger wird man Kontrolle abgeben können und tatsächlich in den Schlaf kommen. Es braucht allerdings etwas Zeit, um mit diesem Vorgehen zu mehr Schlaf und Erholung zu kommen.

Neben der Regel, die Zeit im Bett möglichst schlafend zu verbringen, gibt es noch eine weitere: Man legt vor dem Einschlafen die Zeit fest, zu der man am Morgen aufstehen muss/möchte und stellt den Wecker. Das soll verhindern, dass man den Nachtschlaf tagsüber nachholt und sich der Tag-Nacht-Rhythmus womöglich umkehrt. Wenn überhaupt, sollte man deshalb tagsüber höchstens einen zeitlich begrenzten Mittagsschlaf machen. Ist die Müdigkeit tagsüber sehr stark und geht man erst ins Bett, wenn die Einschlafzeit nicht mehr lange ist, wird sich der Körper nach und nach den Schlaf holen. Über einen Zeitraum von zwei bis drei Monaten wird wieder gelernt, dass Bett Schlafen bedeutet und nicht stundenlanges Wachliegen. Zu viel Druck ist hinderlich. Liegt man doch längere Zeit nachts wach, empfiehlt es sich, nicht auf die Uhr zu schauen und sich auszurechnen, wie wenig Schlaf man wieder haben wird. Dieser Stress hält eher wach. Es geht darum, ohne zu großen Druck und mit der nötigen Zeit wieder Vertrauen zu entwickeln, Kopf und Körper in Einklang zu bringen. Wer sich sicher fühlt, Vertrauen und Kontrolle erlebt, kann lernen, den Schlaf als Ressource zu erleben, als eine Quelle der Erholung.

Was aber ist mit quälenden Träumen und der Angst davor? Um Ängste regulieren zu können, brauchen wir als Gegenpol Gefühle von Sicherheit und Vertrauen. Bildlich können wir uns das wie eine Waage vorstellen: Auf der einen Seite drückt die Last der Angst und Bedrohung als schweres Gewicht nach unten, auf der anderen Seite stellen Bewältigungsmöglichkeiten – sofern diese vorhanden sind – ein Gegengewicht dar. Wenn man sich real bedroht fühlt, wird es darum gehen, mehr Sicherheit zu erreichen. Allerdings kann man trotz äußerer Sicherheit (wobei es keine hundertprozentige Sicherheit gibt) in seinem Inneren Gefühle von Bedrohung erleben. Wer entsprechende Vorerfahrungen gemacht hat, wird schwerer Gefühle von Sicherheit und Kontrolle entwickeln können. Überwiegen Ängste, wird es darum gehen, durch bessere neue Erfahrungen Gefühle von Vertrauen und Sicherheit zu entwickeln. Wenn man aufgrund eines starken Vermeidungsverhaltens (was bei Ängsten immer eine wesentliche Rolle spielt im Sinne des Schutzes) keine besseren Erfahrungen macht, bleibt man in den Ängsten stecken. Diese Ängste haben dann eher noch die Tendenz, sich weiter auszubreiten.

Um welche neuen Erfahrungen kann es gehen? Wie kann man Gefühle von Sicherheit, Vertrauen und Selbstwirksamkeit entwickeln? In quälenden Träumen geht es oft um angstbesetzte Themen, im Albtraum kämpft man ums Überleben oder ist auf der Flucht. Wenn morgens das Bett zerwühlt ist und man wie gerädert aufwacht, könnte das darauf hinweisen. Angst stellt die Alarmsysteme scharf, sodass auch im Schlaf das Überleben und der Schutz im Vordergrund stehen. Unter diesen Umständen kann man sich nicht erholen und Kontrolle abgeben. Hilfreich ist, sich am Tag die Zeit zu nehmen und zu erspüren, ob die Angst zu früheren Erfahrungen gehört, die man vielleicht schon als Kind machen musste. Werden frühere Erfahrungen im Traum wiedererlebt? Gab es bisher eine Rettung aus der Gefahr, hat man einen sicheren Ort gefunden, helfende Wesen? Wenn es im Inneren einen Teil gibt, der sich bis heute bedroht fühlt, wird es darum gehen, diesen in Sicherheit zu bringen, ihm das zu geben, was ihm bisher gefehlt hat.

Wenn man sich an die Geschichte des Albtraumes erinnert, kann man tagsüber im Wachzustand diese Geschichte des Albtraums in ihrer Handlung weiterentwickeln, bis am Ende Sicherheit hergestellt ist. Es ist ein Urbedürfnis des Menschen, Geschichten und Handlungen zu einem guten Ende zu führen. Man kann Autor oder Regisseur seiner Geschichte oder seines Filmes werden, indem man die Handlung an der Stelle fortsetzt, wo der Albtraum üblicherweise endet. Es geht nicht darum, die Geschichte des Albtraumes zu verändern, sondern diese weiterzuentwickeln, wo es bisher kein gutes Ende gab. Jeder von uns kennt Märchen oder Filme mit dramatischen und gefährlichen Situationen, in deren Verlauf es nach einer Zuspitzung zur Rettung, Verwandlung oder Erlösung kommt. Helfer treten auf den Plan, um das Böse zu besiegen. In der Vorstellung kann man alles, was Rettung und Sicherheit bedeutet, nutzen. Man kann eintauchen in seine Phantasie: Braucht es eine gute Fee, einen Schutzengel, einen Zauberer oder eine ganze Armee von Rittern, die einen beschützt und gegen die Bedrohung kämpft? Wie sieht der sichere Ort aus, der Geborgenheit und Schutz gibt? Welche helfenden Wesen möchte man an seiner Seite haben? Wenn man sich tagsüber immer wieder mit der Fortsetzung des Traumes beschäftigt und diesen zu einem guten Ende führt, lernt man dabei Gefühle von Sicherheit zu erleben. Nicht die Inhalte des Albtraumes sollen einen vordergründig beschäftigen, sondern die Vorstellungen von Sicherheit und Geborgenheit, die man in der Fortführung der Geschichte entwickelt. Auf diese Weise schafft man ein Gegengewicht zu dem Schrecken, lernt durch neue Erfahrungen. Man kann sich dabei verschiedener Ausdrucksmittel bedienen: Schreiben, Malen, Finden von Symbolen. Was hilft, kann man ganz individuell herausfinden, wenn man im Kontakt mit sich ist, fühlen kann, was stimmig und richtig ist. Auch hier geht es wieder um Selbstwahrnehmung und Selbstfürsorge, für die es Raum und Zeit braucht. Das Gefühl der Angst wird nicht vermieden oder abgespalten, sondern es wird gewürdigt, um sich beruhigen und trösten zu können.

Seelische Grundbedürfnisse

Neben den körperlichen gibt es auch seelische Grundbedürfnisse, die gleichermaßen befriedigt werden müssen. Dazu gehören Sicherheit, Bindung, Selbstwertschutz, Annäherung an gute Dinge und Vermeidung schmerzhafter Erfahrungen. Die Definition dieser Grundbedürfnisse geht auf Klaus Grawe (1943–2005), psychologischer Psychotherapeut und Hochschullehrer mit dem Tätigkeitsschwerpunkt Psychotherapieforschung, zurück.

Bedürfnis nach Sicherheit, Orientierung und Kontrolle

Mit Blick auf das eigene Überleben steht die Sicherheit an erster Stelle. Menschen brauchen eine gewisse Kontrolle und Orientierung, damit die Angst nicht überwiegt.

Äußere Sicherheit: Befindet man sich in einer gefährlichen Situation, werden Stressreaktionen in Gang gesetzt. Gefühle von Angst und Bedrohung sind dann real und der Situation angemessen und führen zu den zum Selbstschutz notwendigen Verteidigungsreaktionen. Gefühle von Sicherheit und Beruhigung können sich erst entwickeln, wenn die äußere Gefahr vorüber ist. Es wäre unrealistisch zu erwarten, dass eine äußere Bedrohung keine Stressreaktionen hervorruft. Dies würde eher auf eine abgespaltene Wahrnehmung der Gefahr hinweisen. Man erlebt wieder Kontrolle, wenn die Gefahr vorüber ist und die äußere Sicherheit so weit wie möglich wiederhergestellt ist. Ohne eine gewisse Sicherheit, Orientierung und Kontrolle wird man nicht ausreichend Vertrauen in sich selbst und die Welt aufbauen können.

Innere Sicherheit: Um Gefühle von Sicherheit und Vertrauen zu entwickeln und zu erleben, bedarf es entsprechender Vorerfahrungen.

Beim Bedürfnis nach Orientierung und Kontrolle geht es um das Gefühl, in sich einen Halt, eine Struktur zu haben, auch wenn man mit sich alleine ist, sich nicht mit allen möglichen Reizen ablenkt. Vielleicht haben Sie in bestimmten Situationen ein starkes Bedürfnis nach Kontrolle, weil Sie Kontrollverlust fürchten und

Ihnen das nötige Vertrauen fehlt. Je nach Vorerfahrungen und Situation befinden wir uns in dem Spannungsfeld zwischen Kontrollbedürfnis und Loslassenkönnen. Wir müssen aushalten, dass wir nicht die hundertprozentige Sicherheit und Kontrolle haben, unseren Körper und unsere Gesundheit nur bedingt beeinflussen können – ganz zu schweigen vom Zeitpunkt unseres Todes. Es erfordert eine gesunde Verdrängungskraft, um nicht ständig Angst vor Krankheiten oder dem Sterben haben zu müssen, und es braucht Vertrauen ins Leben.

Misstrauen kann im positiven Fall als Vorsicht gewertet werden. Im negativen Fall führt es zu einem Vermeidungsverhalten, das es uns erschwert, positivere Erfahrungen zu machen. Wir nähern uns Dingen an, wenn wir neugierig sind, Interesse haben und uns sicher sind, dass keine Gefahr droht, die wir nicht bewältigen können. Die Erfahrung, dass wir Herausforderungen meistern können, stärkt unser Vertrauen. Stress erleben wir, wenn es ein Missverhältnis gibt zwischen Kontroll- und Bewältigungsmöglichkeiten und der Situation. Was als Stress erlebt wird, ist immer auch eine Frage der Bewertung der Situation und der Einschätzung der eigenen Möglichkeiten. Das Gefühl der eigenen Wirksamkeit – die Selbstwirksamkeit – ist ein mächtiger Schutzfaktor. Dabei handelt es sich um eine Mischung aus Selbstvertrauen, praktischer Intelligenz und der Fähigkeit, Probleme zu lösen oder zu bewältigen. Es geht darum, die Welt mitsamt den eigenen Problemen als sinnvoll zu verstehen. Diesen Sinnzusammenhang nennt man Kohärenzgefühl. Dieses stimmige Gefühl der Ruhe und Gelassenheit lässt sich ein Stück weit lernen. Kinder brauchen dafür jemanden, der verlässlich mit Zuneigung reagiert und Bedürfnisse erkennt. Jemanden, der Grenzen setzt und Orientierung bietet. Meditation hilft, Gefühle von innerem Frieden, Verbundenheit, Hingabe und Loslassen zu stärken.

Wenn man an frühere Erfahrungen erinnert wird, überträgt man womöglich das Erleben von damals auf das Erleben im Hier und Jetzt. Die aktuelle Situation mag nicht die gleiche sein, ähnelt der früheren aber. Dieses Übertragungsphänomen spielt zum Beispiel eine Rolle, wenn es um Sympathie oder Antipathie geht. Was im positiven Sinne vertraut ist, lässt Annäherung zu, negative Erfahrungen führen eher zur Vermeidung. Auch Vorurteile können dadurch begründet werden. Wenn man seine Bewertungen nicht auf Realität überprüft, überwiegen bisherige Prägungen und Einstellungen. Oft nimmt man verstärkt das wahr, was man kennt, womit man rechnet, und bestätigt damit seine Vorerfahrungen. Was nach der eigenen Erfahrung nicht sein kann oder darf, blendet man eher aus. Die Wahrnehmung ist dann eingeengt und verhindert womöglich positivere Erfahrungen, die bisherige Einstellungsmuster verändern könnten.

Die Prägung durch Vorerfahrungen erscheint sinnvoll, wenn es darum geht, sich vor der Wiederholung einer Bedrohung zu schützen. Das innere Alarmsystem springt an, wenn es ähnliche Reize gibt wie in einer früheren bedrohlichen Situation. Man spricht in diesem Zusammenhang von Auslösereizen oder auch »Triggern«. Belastend wird es, wenn das Alarmsystem zu scharf gestellt ist, weil es an Gefühlen von Sicherheit und Vertrauen mangelt. Im Sinne des Überlebens und des Schutzes macht das Sinn, kann aber das Leben sehr beeinträchtigen.

Jede Veränderung bedeutet erst einmal vermehrten Stress, selbst wenn es um eigentlich positive Entwicklungen geht. Manchmal muss der Leidensdruck erst groß sein, um die Macht der Gewohnheit zu überwinden. Hier ist wichtig, sich bewusst zu machen, welche kurz- und langfristigen Konsequenzen ein Festhalten an der bisherigen Situation hat. Betrachten Sie auf der anderen Seite, welche Veränderungsmöglichkeiten es geben könnte, welche kurz- und langfristigen Folgen damit einhergehen könnten. Wer in seinem bisherigen Leben wenig Selbstwirksamkeit erfahren hat, kann sich vielleicht gar nicht vorstellen, dass es Einflussmöglichkeiten auf das eigene Leben gibt.

Wenn Sie aktiv und bewusst überprüfen, in welche Richtung Sie sich Veränderung wünschen und welche Schritte dafür notwendig sind, schaffen Sie bei sich selbst zunächst eine Orientierung. Besteht diesbezüglich eine gewisse Klarheit, können trotzdem der Mut oder die Kraft fehlen. Dann kann man sich mit der Frage beschäftigen, wie man mutiger oder stärker werden könnte. Wichtig ist dabei eine möglichst genaue Differenzierung, warum die Angst derzeit noch größer ist als der Mut oder worin die Kraft bestehen könnte, die noch fehlt.

Die folgenden Reflexionsfragen können Ihnen helfen, dem Spannungsfeld zwischen dem Bedürfnis nach Sicherheit und Vertrautem einerseits und dem Bedürfnis nach Veränderung andererseits bei sich selbst auf die Spur zu kommen:

Kennen Sie ein Gefühl von Geborgenheit? Spüren Sie das auch körperlich?
Fühlen Sie sich bei sich selbst zu Hause? Können Sie Ruhe genießen, sich dem Moment hingeben?
Leiden Sie darunter, dass Sie nicht gut loslassen können? Was ist mit Ihrem Vertrauen als Gegengewicht zu den Ängsten?
Welche Menschen tun Ihnen gut? Fühlen Sie sich angenommen, so wie Sie sind?
Kennen Sie bei sich selbst Vorurteile? Was könnte Ihre Wahrnehmung erweitern?
Haben Sie das Gefühl, dass Ihr Aktionsradius eingeengt ist? Haben Sie Angst vor Veränderung und neuen Erfahrungen? Wiederholen Sie Vertrautes, obwohl es Ihnen damit nicht mehr wirklich gut geht?
Kennen Sie Menschen, die gute Modelle dafür sind, wie Sie Ihr Leben gestalten möchten? Was können Sie von diesen Vorbildern lernen?
Inwieweit können Sie sich die einzelnen Schritte einer möglichen Veränderung realistisch vorstellen?

Es gibt Wendepunkte im Leben, die einer Neuorientierung bedürfen. Solche Momente sucht man sich nicht immer aus. Menschen erleben Verluste, Krankheiten, Enttäuschungen, Schicksalsschläge, tragen Verletzungen davon. Diese in die Lebensgeschichte zu integrieren, ist eine echte Herausforderung, am liebsten würde man solche Erfahrungen ungeschehen machen. Auch wenn das nicht realistisch ist, halten Menschen oft lange daran fest, nicht wahrhaben zu wollen, dass etwas tatsächlich passiert ist, dass nichts mehr wie zuvor ist, dass Bisheriges nicht mehr gilt. Verarbeitung würde bedeuten, dass man sich bewusst macht, was einem zugestoßen ist, dass es Teil der Lebensgeschichte ist. Das eigene Leid müsste gewürdigt werden, was voraussetzt, dass man es an sich heranlassen und die damit verbundenen Gefühle aushalten kann. Bei Verlusten bedeutet Trauerarbeit, den Verlust zu realisieren und die veränderte Situation annehmen zu lernen. Ziel einer gelungenen Trauerarbeit ist das Loslassen, um sich neu orientieren zu können. Das hat nichts mit Vergessen oder Abspaltung von Wahrnehmung und Gefühlen zu tun. Trauer kann zugelassen werden, wenn es Trost gibt, Ängste können realisiert werden, wenn es eine Form von Halt gibt. Das kann auch die Hoffnung sein, dass es nur noch besser werden kann.

Bedürfnis nach Bindung und Beziehung

Bindungsverhalten ist etwas Angeborenes, bereits das Neugeborene sucht die körperliche Nähe der Bezugspersonen. Wenn es gut läuft, wird das Kind auf dieser Welt willkommen geheißen, macht die ersten Erfahrungen, dass es geliebt und angenommen wird. Eine feinfühlige Bindungsperson nimmt die Bedürfnisse des kleinen Kindes wahr, auch wenn dieses sich noch nicht über die Sprache äußern kann. Stellen Sie sich vor, wie abhängig so ein kleines Wesen in der Befriedigung seiner Bedürfnisse ist. Neben Nahrung und Schlaf braucht es Nähe und Zuwendung, eine Person, die spürt, wenn es zu warm oder kalt ist, wenn die Windel voll ist und gewechselt werden muss, wenn das Kind Anregung, Beruhigung oder auch einfach Ruhe braucht. Diese Feinfühligkeit kann die Bezugsperson nur entwickeln, wenn sie selbst gelernt hat, auf Bedürfnisse zu achten und diese auf gute Weise zu befriedigen.

Das kleine Kind ist zunächst auch darauf angewiesen, dass die versorgende Person die Gefühlsregulation übernimmt und damit zum Modell wird. Ein Kind, das Angst hat, braucht erst einmal die Beruhigung von außen, damit es lernen und verinnerlichen kann, aus sich heraus ruhig zu werden. Wenn das Kind hinfällt und Schmerzen erleidet, ist es hilfreich, wenn sich jemand liebevoll um die Wunde kümmert und zum Ausdruck bringt, dass es einen Trost gibt und es wieder gut wird. Kann die Bezugsperson ihre eigenen Gefühle nicht regulieren, werden Gefühle von Angst, Wut oder Traurigkeit durch das Kind womöglich als bedrohlich erlebt. Im positiven Fall hingegen gibt es eine lebhafte Kommunikation über die Sprache (zunächst einseitig über die Bezugspersonen, so wird Sprache gelernt), über Mimik, Gestik und Körperkontakt. Der Körperkontakt führt bei der Bezugsperson und dem Kind auch zur Ausschüttung von Oxytocin, dem »Bindungshormon«, das wechselseitig die Bindung verstärkt und Gefühle von Glück und Geborgenheit vermittelt (besonders intensiv bei stillenden Müttern). Gefühle von innerer Sicherheit und Vertrauen können sich auf diesem Boden entwickeln und ein Fundament für das weitere Leben schaffen.

Werden in den ersten drei Lebensjahren solche Erfahrungen

überwiegend gemacht, bilden diese bereits einen wesentlichen Schutz, um mit Frustrationen umgehen zu können. Auch wenn wir uns an die ersten drei Lebensjahre bewusst kaum erinnern, weil uns die Sprache noch nicht ausreichend zur Verfügung steht, um Gedanken dazu zu haben, gibt es für diese Zeit doch eine Fülle an Erfahrungen über Bilder, Körpererleben und Gefühle. Diese frühen Prägungen beeinflussen, ob wir der Welt und den Menschen Vertrauen entgegenbringen, unsere Gefühle wahrnehmen und regulieren können und Schritt für Schritt lernen, für die eigenen Bedürfnisse zu sorgen. Eine gute Selbstfürsorge setzt voraus, dass man körperliche und seelische Bedürfnisse wahrnimmt und Möglichkeiten zur Verfügung hat, um diese zu befriedigen.

Diese Passung zwischen dem Individuum und seiner Umwelt ist nicht immer gegeben. Nicht jedes Neugeborene ist von den Eltern gewünscht und kommt gesund und zum passenden Zeitpunkt auf die Welt. Es gibt die Frühgeborenen, die zunächst einen Überlebenskampf führen und bereits mit vielen Stressfaktoren konfrontiert werden. Deren Eltern stehen oft ebenfalls unter Stress in ihrer Sorge oder auch in ihrer Enttäuschung, dass sich ihre Erwartung, ein gesundes Kind mit nach Hause nehmen zu können, erst einmal nicht erfüllt hat. Wir wissen von den Kriegskindern früher und heute, deren Bedürfnis nach äußerer Sicherheit nicht ausreichend befriedigt wurde oder wird. Diese müssen die Belastungen der Bezugspersonen miterleben und einen Umgang damit finden. Schicksalsschläge können dazu führen, dass ein Kind zu früh Verantwortung übernehmen soll oder muss, die Kindheit ein jähes Ende nimmt. Menschen mit entsprechenden Erfahrungen übernehmen nicht selten auch später viel Verantwortung, funktionieren lange auf hohem Niveau, nehmen aber die eigenen Grenzen kaum noch wahr, können für andere, aber nicht wirklich gut für sich selbst sorgen.

Die folgenden Reflexionsfragen bieten eine Möglichkeit, den eigenen Voraussetzungen und Bedürfnissen bezüglich Bindung und Beziehung nachzuspüren.

Wie sieht es mit Ihrer eigenen Bedürftigkeit aus? Können Sie sich selbst auf dieser Welt willkommen heißen, sich annehmen und gut für sich sorgen?
Haben Sie Beziehungen erfahren, in denen Sie sich unterstützt

und angenommen fühlen? Oder fühlen Sie sich im Leben zu kurz gekommen und haben einen Nachholbedarf in Bezug auf die Befriedigung früherer kindlicher Bedürfnisse? Sehnen Sie sich danach, gehalten und getröstet zu werden?
Glauben Sie, dass Sie andere nicht brauchen, weil Sie bisher immer alleine zurechtkommen mussten? Haben Sie sich von anderen Menschen eher zurückgezogen, um nicht wieder enttäuscht und verletzt zu werden? Fühlen Sie sich manchmal einsam, wenn Sie mehr in Kontakt mit sich kommen, nicht so abgelenkt sind? Oder vielleicht sogar so verlassen, als wären Sie mutterseelenallein auf der Welt?

Wir brauchen gute und sichere Bindungserfahrungen, um uns selbst und anderen vertrauen zu können, und wir brauchen neue und bessere Erfahrungen, wenn diese bisher gefehlt haben. Aus der Bindungsforschung wissen wir heute, dass es ein wesentlicher Schutzfaktor ist, wenn es mindestens eine verlässliche Bindungsperson gegeben hat. Die Erfahrung einer sicheren Bindung stärkt die Widerstandskraft. Resilienz beinhaltet die Fähigkeit, sich trotz widriger Bedingungen wieder auf den Weg zu machen, aus der Opferrolle in eine aktive Rolle zu kommen, sich dabei auch Hilfe holen zu können. Die folgenden Reflexionsfragen versuchen, dieser Fähigkeit auf die Spur zu kommen:

Wo haben Sie als Kind gute Erfahrungen gemacht? Gab es zumindest eine Person, bei der Sie sich sicher aufgehoben gefühlt haben?
Haben Sie manchmal bei Freunden oder in der Nachbarschaft etwas gesucht und gefunden, was Ihnen zu Hause gefehlt hat? Oder haben Sie sich als Kind eine eigene zweite Realität in Ihrer Phantasie geschaffen, die besser als die Wirklichkeit war? War das Ihre Ressource, die Sie getröstet hat, wenn die Umwelt Ihre Bedürfnisse nicht gut befriedigen konnte?

Aus Verhaltensbeobachtungen hat man verschiedene Bindungsstile identifiziert: Es gibt die sichere Bindung, die unsicher-vermeidende Bindung, die unsicher-verwickelte Bindung und einen desorganisierten Bindungsstil, der sich keiner der Kategorien zuordnen lässt.

Wenn jemand gute Sozialkontakte und Vertrauen in andere

Menschen hat, sich Unterstützung holen kann, anderen helfen, sich aber auch abgrenzen kann, wird dieser Mensch in seinem Leben sichere Bindungsvorerfahrungen gemacht haben.

Wenn man in Beziehungen eher das Gefühl hat, dass es wenig Verlässlichkeit und Verbindlichkeit gibt, man einerseits Nähe sucht, andererseits Abhängigkeit fürchtet, man im Zweifelsfall lieber alleine zurechtkommt, als andere um Hilfe zu bitten, entspricht das einem unsicher-vermeidenden Bindungsmuster.

Erlebt man in Beziehungen viele Ambivalenzen, könnte es sich um einen unsicher-verwickelten Bindungsstil handeln. Man möchte gebraucht werden, fühlt sich aber gleichzeitig ausgenutzt und versucht, es dem anderen recht zu machen. Dabei läuft man Gefahr, den Kontakt zu sich selbst zu verlieren, und kann sich nicht wirklich vorstellen, um seiner selbst willen geliebt zu werden. Unsicherheit zeigt sich in dem Gefühl, von anderen vereinnahmt zu werden oder einen Preis dafür zahlen zu müssen, dass jemand sich einem zuwendet. Um die Beziehung nicht zu gefährden, muss man sich womöglich übermäßig anpassen, Aggressionen unterdrücken. Wenn man Wut zeigt, fürchtet man vielleicht den Kontrollverlust oder den Verlust der Beziehung.

Eine desorganisierte Bindung lässt sich keiner der Kategorien zuordnen, weil das Verhalten kein organisiertes Bindungsmuster aufweist. Bereits Kinder zeigen Verhaltensweisen, die schnelle Wechsel beinhalten können: Annäherung, um sich dann abrupt wieder abzuwenden, ein plötzliches Einfrieren in der Bewegung oder andere scheinbar bizarre Reaktionen. Bei diesen Verhaltensweisen handelt es sich um Stress- und Verteidigungsreaktionen, weil das Umfeld nicht sicher war oder ist und die Betroffenen sich in einem nicht lösbaren Konflikt befinden. Es kommt zu Kampf- und Fluchtimpulsen einerseits, zu Bewegungslosigkeit andererseits. Die Handlungen werden immer wieder abgebrochen, weil es keinen Ausweg gibt.

Die Einteilung in verschiedene Bindungsstile ist natürlich nur ein Modell, mit dessen Hilfe bestimmte Verhaltensmuster zugeordnet und verstanden werden können. Auch wenn es eine frühe Prägung gibt, können sich Bindungsmuster im Laufe des Lebens verändern. Werden neue und bessere Erfahrungen gemacht, gibt es auch eine erworbene sichere Bindung.

Bedürfnis nach Selbstwertschutz und Selbstwerterhöhung

Neben Sicherheit und Bindung gehört der Selbstwertschutz zu den seelischen Grundbedürfnissen. Auch Menschen mit Selbstwertproblemen haben Strategien entwickelt, ihren Selbstwert zu schützen, allerdings stellen diese Lösungsversuche manchmal eher »Notlösungen« dar. Ein gesundes Selbstwertgefühl beinhaltet Selbstvertrauen, Selbstakzeptanz, Abgrenzungsvermögen, einen konstruktiven Umgang mit eigenen Fehlern und Schwächen bis hin zur Fähigkeit, Verantwortung für die eigene Schuldhaftigkeit zu übernehmen, sich aber auch vergeben zu können. Das menschliche Leben ist eine Entwicklungsgeschichte, der Selbstwert wird nicht nur geschützt, sondern ist auf Erhöhung ausgerichtet. Naheliegend sind dabei Gedanken an Statussymbole wie Karrierestreben, Erlangung von Anerkennung, Erfolg und Wohlstand. Als Grundbedürfnis geht es um die Entwicklung des eigenen Potentials, das Erkennen des Wesens, das man ist, die Reifung der Persönlichkeit.

Stellen Sie sich Ihr Leben im Raum vor: Es gibt eine horizontale Entwicklung und Erweiterung, wo es wichtig ist, die Bodenhaftung zu stärken, sich immer wieder zu erden, um den Halt und die Struktur nicht zu verlieren. Es gibt aber auch eine vertikale Bewegung nach oben über sich selbst hinaus. Das ist der Geist, der weht, wo er will. Durch die Phantasie kann man über die Wirklichkeit hinaus Vorstellungen entwickeln. Visionen sind Teil der Menschheitsgeschichte. Schon immer gab es Vordenker, die ihrer Zeit weit voraus waren. Spiritualität und Kreativität gehören weltweit und kulturübergreifend zu den menschlichen Ressourcen. Das Streben in die Horizontale und die Erhöhung in die Vertikale in ein gutes Gleichgewicht zu bringen, erfordert viele Erfahrungen, wobei man durchaus auch an die Grenzen stößt, diese austestet. Solange man das bewusst tut, lernt man mit zunehmender Lebenserfahrung. Ein Leben in der Horizontalen ohne Ausrichtung in die Vertikale könnte eine zu starke Verhaftung im Gewohnten bedeuten. Wenn man sich zu sehr in der »Komfortzone« einrichtet, wiederholt man Vertrautes, stellt sich aber nicht mehr neuen Herausforderungen und Entwicklungsprozessen. Im negativen Fall erlebt man Stillstand. Menschen mit depressiven Störungen, Ängsten oder Zwängen leiden unter einem eingeengten Denken, Wahrnehmen und Fühlen. Sie sitzen in ihrem eigenen Gefängnis. Wenn man zu sehr abhebt, die Bodenhaftung und womöglich den Realitätsbezug verliert, könnte das zum Kontrollverlust führen. Wir kennen Störungsbilder wie die Manie oder den Wahn, aber auch Persönlichkeitsstörungen mit Verzerrungen in der Realitätswahrnehmung.

Versuchen Sie einmal, für sich herauszufinden, wo in diesem Spannungsfeld zwischen Bodenhaftung (Horizontale) und Vision (Vertikale) Sie selbst sich bewegen:

Was macht Ihr Leben in der Horizontalen aus? Wo und wann erleben Sie Bodenhaftung, Geborgenheit, Zufriedenheit?
Wo streben Sie in die Vertikale, erleben eine Erweiterung Ihres Menschseins? Was sind Ihre Wünsche, Visionen? Wann verlassen Ihre Gedanken den Alltagsraum?
Können Sie frei von Gedanken sein, mit Ihrem Erleben ganz im Hier und Jetzt?
Gibt es Menschen, mit denen Sie sich reicher, erfüllter, lebendiger fühlen?
Was stößt Ihr kreatives Potential an, wo bekommen Sie neue Impulse, was weckt Ihre Neugier, Ihr Interesse?

Die Stabilisierung in der Horizontalen und das Aufstreben in die Vertikale sind keine Gegensätze, die sich ausschließen. Ein festes Fundament, ein nährender Boden unter den Füßen mit Gefühlen von Sicherheit, Halt und Orientierung ermöglichen erst, dass man die Angst überwindet und Neues wagen kann, ohne die Kontrolle zu verlieren. Im Fluss zu sein, bedeutet Bewegung in beide Richtungen.

Diese Entwicklungen bilden sich auch in den Bindungs- und Beziehungserfahrungen ab: Zunächst kommt man in die Welt und ist in der Befriedigung seiner Bedürfnisse völlig abhängig von der Umgebung. Insbesondere in den ersten drei Lebensjahren wird das Fundament geschaffen für Gefühle von Sicherheit und Urvertrauen. Mit zunehmenden Lernerfahrungen und körperlicher Weiterentwicklung weitet sich der Bewegungsradius und man erkundet die Welt. Wenn es nicht daran gehindert wird, hat jedes Kind, das sich sicher gebunden fühlt, den Drang, Neues zu entdecken, möglichst auf allen Sinnesebenen: Sehen, Hören, Riechen, Schmecken, Tasten. Über die Bewegung und Sinneserfahrungen entwickelt sich ein zunehmendes Körpergefühl, das Körperselbst.

Das Selbstwertgefühl wird beeinflusst durch Beziehungserfahrungen. Um sich das bewusst zu machen, können die folgenden Reflexionsfragen hilfreich sein:

Was vermitteln mir andere? Wie werde ich gespiegelt?
Fühle ich mich angenommen und geliebt?
Werde ich in meinen Fähigkeiten gesehen und gefördert?

Wie mag sich ein Kind fühlen, dessen Bezugsperson nicht auf seine Signale reagiert, es nicht wahrnimmt? Was wird es versuchen, um wahrgenommen zu werden? Wenn es die Überzeugung entwickelt, dass es eine Last ist, zu viel für die Bezugsperson, wird es sich vielleicht so unauffällig wie möglich verhalten. Es kann zur Rollenumkehr kommen: Das Kind fühlt sich in der Verantwortung für die erwachsene Person, was immer eine Überforderung darstellt. Trotz aller Bemühungen wird es nicht wirklich gut werden.

Wie fühlt es sich an, wenn man ständig kritisiert wird und nichts, was man macht, richtig oder gut genug ist? Solange sich die Kritik auf das Verhalten und nicht die Person in ihrer Existenz bezieht, gelingt vielleicht noch eine gewisse Abgrenzung. Schwieriger wird es, wenn die eigene Lebensberechtigung infrage gestellt wird oder diese nur im Zusammenhang mit der Leistungskraft gesehen wird (»Ich bin nur etwas wert, wenn ich etwas leiste«).

Was passiert, wenn die eigene Lebendigkeit destruktiven Neid bei anderen auslöst, womöglich sogar bei den Bezugspersonen, von denen man abhängig ist? Wenn sich andere nicht mitfreuen können, höchstens Schadenfreude zeigen? Darf man dann noch unbeschwert sein? Muss man sein Licht unter den Scheffel stellen? Kann man seinen Selbstwert dann nur noch erhöhen, indem man so angepasst wie möglich ist und den Kontakt zu sich selbst verliert, um die Aufmerksamkeit insbesondere auf die Erwartungen der anderen zu lenken?

Wenn man erwachsen ist und nicht mehr ganz so abhängig wie als Kind, wie kann man lernen, sich von dem Gefühl von Minderwertigkeit zu verabschieden und sich seinen Selbstwert zu geben? Oder ist da immer noch der Glaube, dass man ganz viel leisten, es noch besser machen muss? Vielleicht macht man aber auch neue Erfahrungen mit Menschen, die einen annehmen und lieben, wie man ist, und kann auch selbst etwas finden, was man an sich mag. Wer lernt, sich von unangemessener Kritik abzugrenzen, kann seinen Selbstwert schützen, indem er sich selbst annimmt. Helfen können dabei die folgenden Reflexionsfragen:

> Wie möchte ich über mich selbst denken?
> Bin ich wirklich so abhängig von der Meinung anderer, dass diese meine Grenzen überschreiten können oder ich deren Erwartungen erfüllen muss?

Ein gutes Selbstwertgefühl hat nichts mit Arroganz und Überheblichkeit zu tun. Vielmehr beinhaltet es eine realistische Selbsteinschätzung. Um diese zu entwickeln, braucht es wieder Zeit und Raum (in der Horizontalen und in der Vertikalen). Wichtig sind außerdem praktische Erfahrungen mit der Möglichkeit, Dinge auszuprobieren, dabei Erfolge und Misserfolge zu erleben, sowie ehrliche und wertschätzende Rückmeldungen von echten Freunden. Auf dieser Basis wird die Überprüfung bisheriger Bewertungen und innerer Haltungen auf Realität und Stimmigkeit möglich und es können hilfreiche Einstellungsmuster entwickelt werden, die Vertrauen schaffen und das Potential fördern, wie zum Beispiel:

- Die Würde des Menschen ist unantastbar. Jeder Mensch ist in seinem Wesen wertvoll.
- Ich darf aus meinen Fehlern lernen.
- Ich habe Grenzen, die ich schützen kann und darf.
- Ich kann lernen, meine Bedürfnisse wahrzunehmen und zu befriedigen.
- Ich darf mich annehmen und weiterentwickeln.

Bedürfnis nach Lustgewinn und Unlustvermeidung

Im Vergleich zu den anderen seelischen Grundbedürfnissen wirken die Begriffe Lustgewinn und Unlustvermeidung fast schon wie der pure Luxus. Vielleicht kommen dabei Vorstellungen auf von einer hedonistischen Gesellschaft, die sich nur noch den Freuden des Lebens hingibt. Dem ist nicht so. Wir beschäftigen uns immer noch mit den Grundbedürfnissen, die in jedem Fall befriedigt werden müssen. Welchen Dingen nähern wir uns an, was vermeiden wir?

Annäherung: Wir gehen auf Dinge zu, die uns neugierig machen, unser Interesse wecken. Wenn wir bereits positive Vorerfahrungen gemacht haben, erleben wir Gefühle von Sicherheit und Vertrauen, die stark genug sind, um Herausforderungen anzunehmen. Annäherung an Neues ermöglicht Weiterentwicklung. Angenehmes und Schönes versuchen wir zu wiederholen.

Vermeidung: Vor unangenehmen Erfahrungen versuchen wir uns zu schützen. Das dient nicht zuletzt dem Überleben. Erinnerungen an frühere Bedrohungen und damit verbundene Angstgefühle werden besonders intensiv abgespeichert im Sinne des Schutzes. Wir vermeiden aber nicht nur Gefahren, sondern auch unangenehme Situationen, die mit Kraftaufwand und Anstrengung verbunden sind. Es braucht eine starke Motivation, wenn wir Energie investieren, um etwas zu erreichen. Es muss sich lohnen und das müssen wir spüren, damit es uns überzeugt.

Stellen wir uns den Überlebenskampf in der Steinzeit vor: Bei Bedrohung, zum Beispiel durch Raubtiere, musste man sich schützen. Man suchte nach sicheren Orten, zum Beispiel Höhlen, oder rettete sich durch Kampf oder Flucht. Allerdings musste man sich wegen der Nahrungsbeschaffung auch potentiell gefährlichen Situationen annähern, sonst wäre man verhungert. Es ging darum, ein Gleichgewicht in dem Spannungsfeld zwischen Annäherung und Vermeidung zu finden, das Überleben und Leben ermöglichte.

Wir befinden uns nicht mehr in der Steinzeit, das evolutionäre Erbe spielt jedoch auch in unserem modernen Leben noch eine wesentliche Rolle. Es ist immer noch sinnvoll, sich positiven Dingen anzunähern und Negatives zu vermeiden. In diesem Zusammenhang wichtig sind unsere Bewertungen: Wie kommen wir zu unseren Einschätzungen? Welchen Einfluss haben unsere individuellen Vorerfahrungen?

Wie kann man sich dieses Spannungsfeld im Leben vorstellen? Schauen wir uns einige Beispiele an:

Ein Mensch isst etwas Leckeres und hat kurze Zeit später Bauchschmerzen. Womöglich verzichtet er beim nächsten Mal auf dieses Nahrungsmittel, um die zuvor erlebten negativen Folgen zu vermeiden.

Eine Person geht auf ein Konzert, weil sie die Musik mag. Durch die Menschenmengen ist es eng und stickig, außerdem hat der Konzertbesucher in der Nacht zuvor wenig geschlafen. Die Person erlebt die vielen Reize als Stress und der Körper reagiert entsprechend: Schweißausbruch und Herzrasen. Sie denkt, ihr Körper spielt verrückt, sie bekommt Angst, was die Stressreaktion noch verstärkt, bis sie total erschöpft ist. Nie wieder!

Jemand kann etwas gut und macht es gerne. Das ermöglicht die Entfaltung des kreativen Potentials. Die betreffende Person hält eine Rede zu einem Thema, in dem sie sich auskennt. Alle Augen sind auf sie gerichtet und sie verliert plötzlich den Faden. Totaler Blackout! Was für eine Blamage! Am liebsten würde sie im Erdboden versinken.

Was uns alle beschäftigt, ist die weltpolitische Lage. Wie gehen wir mit Terroranschlägen um? Vermeiden wir das Reisen in Städte und Länder, die bedrohter erscheinen? Oder trotzen wir der Situation nach dem Motto: »Jetzt erst recht«? Es wird irgendwas dazwischen sein, jeder Einzelne wird einen individuellen Umgang damit finden.

Das sind nur ein paar Beispiele, die verdeutlichen, wie konflikthaft es sein kann, sich nach negativen Erfahrungen erneut ursprünglich positiven Dingen zuzuwenden.

Welche Bewältigungsmöglichkeiten stehen zur Verfügung? Es gibt hier keine richtigen oder falschen Lösungen. Jede Situation muss individuell im Gesamtzusammenhang betrachtet werden. Wichtig ist, den Realitätsbezug herzustellen, eine hundertprozentige Sicherheit und Kontrolle gibt es nicht. Jeder wird für sich die Konsequenzen einer erneuten Annäherung beziehungsweise Vermeidung an eine vergleichbare Situation überprüfen. Meist machen wir das eher intuitiv, nach »Bauchgefühl«. Hilfreich kann sein, wenn man sich nach einer schlechten Erfahrung ermutigt oder von anderen ermutigt wird, einen erneuten Versuch zu wagen, um sich nicht die Chance einer besseren Erfahrung zu nehmen. Die Hemmschwelle wird meist umso größer, je mehr man vermeidet. Man kommt aus der Übung, schwierige Situationen zu meistern, es findet keine Lernerfahrung statt. Angst engt den Aktionsradius ein und hat die Tendenz, sich auszubreiten, wenn Gefühle von Vertrauen und Selbstwirksamkeit als Gegengewicht fehlen. Wenn man im Rückblick mit etwas Abstand die belastende Situation noch einmal betrachtet, kann sich die Bewertung ändern: Nach einer Niederlage kann ein Mensch mit einem gesunden Selbstbewusstsein dazu stehen, es als menschlich bewerten. Es kann sogar den Zusammenhalt von Menschen stärken, wenn nicht alles perfekt läuft: Das entlastet gegenseitig.

Solange man noch bewusste Entscheidungen treffen kann, bleibt man in einer aktiven Rolle. Anders wenn man Kontrollverlust erlebt, sich ohnmächtig und ausgeliefert fühlt. Nach Belastungen ist es hilfreich für die Verarbeitung zu realisieren, was passiert ist, den Zusammenhang zu verstehen und soziale Unterstützung zu erfahren. All das schafft Vertrauen.

3. Wenn die Grundbedürfnisse nicht befriedigt werden

Traumatische Erfahrungen

»Trauma« heißt »Wunde« oder »Verletzung«. Im Laufe unseres Lebens tragen wir viele Verletzungen davon, wir mobilisieren Selbstheilungskräfte, manches verheilt mit Narben, manches gar nicht. Heilung bedeutet nicht, dass wir etwas ungeschehen machen können, sondern dass wir etwas überstehen, bewältigen, es annehmen, uns weiterentwickeln. Wenn wir körperliche Wunden betrachten, gibt es verschiedene Möglichkeiten, den Heilungsprozess zu unterstützen: Manchmal hilft ein Schutzverband, damit die Wunde durch die Selbstheilungskräfte verschlossen wird und der Körper dabei möglichst in Ruhe gelassen wird. Es kann aber auch notwendig sein, sich aktiver um die Wunde zu kümmern, sie zu säubern, sie vielleicht auch chirurgisch zu versorgen, damit die Wundränder sich wieder schließen können. Mit seelischen Wunden läuft etwas Vergleichbares ab: Man braucht Zeit und Raum, um sich von ihnen erholen zu können. Manchmal reichen vorhandene Bewältigungsmöglichkeiten aus, manchmal ist zusätzliche Unterstützung nötig.

Traumatische Erfahrungen erschüttern das bisherige Welt- und Selbstbild, nichts ist mehr wie zuvor. Das bisherige Gleichgewicht funktioniert nicht mehr, man muss kurz-, mittel- und langfristig versuchen, das eigene Leben neu auszuloten.

Laut Definition stellt ein traumatisches Erlebnis eine massive Bedrohung dar, insbesondere das Grundbedürfnis nach Sicherheit, Kontrolle und Orientierung kann zunächst nicht mehr befriedigt werden. Menschen reagieren mit Gefühlen von Angst, Ohnmacht, Ausgeliefertsein, Hilflosigkeit. Akut bedeutet ein Trauma immer eine Überforderung und löst Stressreaktionen aus, weil es ein Missverhältnis gibt zwischen dem, was einem widerfährt, und dem, was aushaltbar ist. Man verlässt den Toleranzbereich, reagiert mit Übererregung im Sinne von Kampf- und Fluchtimpulsen oder spaltet die Wahrnehmung für Gefühle und Körperempfindungen mehr oder weniger ab, stellt sich tot. Was nicht auszuhalten ist, kann auch nicht gut verarbeitet werden. Verarbeitung bedeutet, das Erlebte in einen Gesamtzusammenhang einzuordnen, zu realisieren: »Es ist mir passiert«, und es als Teil der eigenen Lebensgeschichte wahrzunehmen. Wenn man Vergangenes bewältigt hat, kann man wieder bewusster die Gegenwart erleben und eine Neuorientierung finden.

Was kann traumatisieren? Durch die Medien werden wir täglich konfrontiert mit Naturkatastrophen, Terrorakten, Gewalttaten, Grenzüberschreitungen. Obwohl wir über unseren Verstand wissen, dass es keine hundertprozentige Kontrolle gibt und nicht alles berechenbar ist, wird unser Sicherheitsgefühl meist erst dann grundlegend erschüttert, wenn es uns selbst oder Menschen, die wir persönlich kennen, betrifft. Es macht einen Unterschied, ob man täglich in der Zeitung von Einbrüchen in der Stadt liest oder ob bei einem selbst eingebrochen wird, das eigene Zuhause nicht mehr sicher erscheint, seine Grenzen verletzt werden können. Gut ist, wenn man den jederzeit möglichen Bedrohungen etwas entgegensetzen kann, nämlich ein Grundgefühl von Vertrauen, Selbstwirksamkeit und gegenseitiger Unterstützung. Sonst müsste man ständig in Angst und Sorge leben vor allem, was passieren könnte, so wie das z. B. bei Menschen mit einer Generalisierten Angststörung der Fall ist.

Wenn man unterschiedliche traumatische Ereignisse betrachtet, gibt es zum einen die nicht unmittelbar durch Menschen verursachten Traumata, ausgelöst durch Umweltkatastrophen wie Erdbeben, Tsunamis, Überschwemmungen und Ähnliches. Betroffene können dabei ihr Leben, ihre Angehörigen oder ihre Existenz verlieren. Es sind öffentliche Ereignisse, die über die Medien eine schnelle Verbreitung finden. In der Regel kommt es zu unterstützenden Maßnahmen, um das Leid wenigstens etwas zu lindern. Wenn die äußere Sicherheit wiederhergestellt ist, kann im positiven Fall die soziale Unterstützung, die man erfahren hat, Gefühle von Vertrauen wachsen lassen. Wenn Menschen sich im Leid verbunden fühlen, hilft das bei der Bewältigung.

Zum anderen gibt es Traumata, die direkt durch Menschen verursacht werden, wie Terroranschläge, familiäre Gewalt, Überfälle oder Ähnliches. Sie erschüttern neben dem Sicherheitsgefühl auch das Vertrauen in andere Menschen; das Grundbedürfnis nach Bindung und Beziehung kann dadurch wesentlich negativ beeinflusst werden. Wenn man durch andere Menschen verletzt wird, wem kann man dann noch trauen? Muss man sich nicht vielmehr vor erneuten Verletzungen schützen? Je enger die Bindung, desto tief greifender kann das Vertrauen in die Beziehung verletzt werden. Wenn ein kleines Kind die Erfahrung machen muss, dass die Bezugspersonen, von denen es in der Befriedigung seiner Bedürfnisse abhängig ist, bedrohlich und grenzüberschreitend sind, befindet es sich in einem unlösbaren Konflikt. Die Beziehung zur verletzenden Bezugsperson muss aufrechterhalten werden, gleichzeitig besteht aber ein Sicherheits- und Schutzbedürfnis. Die Aufrechterhaltung der Beziehung ist dann nur möglich um den Preis der Abspaltung von Wahrnehmung und Bewusstsein für das, was nicht aushaltbar ist. Damit die Bezugspersonen »gute Objekte« bleiben können, gibt man sich selbst die Schuld, entwickelt die Haltung: »Ich werde bestraft, weil ich ein schlechter Mensch bin, es nicht besser verdient habe.« So kann die Beziehung aufrechterhalten werden, und die Wahrnehmung für die Verletzungen wird weitgehend ferngehalten.

Das Vertrauen in andere Menschen wird natürlich auch erschüttert, wenn außerhalb von familiären Beziehungen Gewalt ausgeübt wird. Es besteht dann eher die Möglichkeit, sich einem Familienmitglied anzuvertrauen und Hilfe zu bekommen, als wenn die nahe Bezugsperson gewalttätig war. Wenn es mindestens eine verlässliche Bezugsperson in Kindheit und Jugend gegeben hat, stellt das einen wesentlichen Schutzfaktor dar.

Nicht jedes traumatische Erlebnis hinterlässt die gleichen Spuren, die Verletzlichkeit eines jeden Menschen ist abhängig von vielen Faktoren: Wie viel Vertrauen und Sicherheitsgefühl konnte man bereits entwickeln? Auf welchen Boden fällt das Trauma? Gibt es Hilfe bei der Bewältigung? Sind schon genug eigene Möglichkeiten, mit der Verletzung fertigzuwerden, ausgebildet? Welche inneren Haltungen hat man aufgrund der Vorerfahrungen entwickelt – in Bezug auf sich selbst, auf andere Menschen und die Welt, in der man lebt? Wie bei einer alten Schalenwaage geht es darum, welche Gewichte auf der einen Seite nach unten drücken und welche Gegengewichte auf der anderen Seite geschaffen werden können. Eine austarierte Waage bedeutet nicht, dass Verletzungen so neutralisiert werden, als hätte es sie nie gegeben. Ein Gleichgewicht meint vielmehr, dass Ressourcen mobilisiert werden können, die das kaum Aushaltbare aushaltbarer machen.

Welche Gefühle sind mit dem Trauma verbunden? Unter Bedrohung erleben Menschen Angst bis hin zur Todesangst. Sofern man nicht kämpfen oder fliehen kann, um das Überleben zu sichern, gerät man von einer aktiven in eine passive Rolle. Wenn man nichts tun und keinen Einfluss auf die Situation nehmen kann, fühlt man sich hilflos und ohnmächtig, was mit am schwersten auszuhalten ist und deshalb nicht voll ins Bewusstsein gelassen wird. Erst wenn die bedrohliche Situation vorüber und man selbst wieder in Sicherheit ist, kann man die Erschütterung, das Ausmaß wahrnehmen, sofern das Geschehene aushaltbar ist. Sonst wird es weiter verdrängt, abgespalten, man tut, als wäre es nie geschehen, was eine gute Verarbeitung verhindert und viel Kraft kostet. Gefühle, die im Verarbeitungsprozess auftreten, sind insbesondere Wut und Trauer. Auch sie müssen ausgehalten und reguliert werden.

Wohin dann aber mit der Wut, ohne sie gegen sich selbst oder andere zu richten? Welchen Trost gibt es für die unendliche Trauer um die verlorene Kindheit oder die erlittenen Verletzungen, unter denen man womöglich bis heute leidet? Wie kann man seine Grundbedürfnisse nach Sicherheit und Beziehung befriedigen? Wie kann man seinen Selbstwert schützen und sich weiterentwickeln, trotz aller Wunden? Wie kann man aus der Opferrolle in eine aktive Rolle kommen, um Einfluss auf sein jetziges und zukünftiges Leben zu nehmen? Das alles sind Fragen, die sich den Betroffenen im Verarbeitungsprozess stellen. Mangelndes Sicherheitsgefühl und Misstrauen in Beziehungen können durch neue Erfahrungen, die anders und besser sind, verändert werden. Befindet man sich jetzt in einem einigermaßen sicheren und stabilen Umfeld mit unterstützenden sozialen Beziehungen, können Gefühle von Sicherheit und Vertrauen wachsen, die Grundbedürfnisse nach Sicherheit und Bindung befriedigt werden.

Zusammenfassend können wir feststellen: Je früher in der Entwicklung eines Menschen traumatische Erfahrungen gemacht werden und Grundbedürfnisse nach Sicherheit und verlässlichen Bindungen nicht befriedigt werden, desto mehr muss die Wahrnehmung dafür abgespalten werden. So kann bereits ein Kind lernen, die eigenen Bedürfnisse und Gefühle nicht mehr zu spüren, was die spätere Selbstfürsorge erschwert. Neben dem Alter spielt die Häufigkeit der traumatischen Erfahrungen eine Rolle. Eine große Anzahl von traumatischen Einzelereignissen wird eher ein negatives Bild von einer feindseligen Welt fördern. In einer solchen Welt muss man ums Überleben kämpfen, sich schützen – auch vor erneuten Verletzungen durch andere Menschen. Können Sie sich vorstellen, wie allein und überfordert sich ein traumatisierter Mensch fühlt, wenn er die Wahrnehmung für seine Verletzungen wirklich zulässt?

Was hilft bei einer Traumatisierung, wie kann man trotz widriger Umstände Widerstandskraft entwickeln? Es ist gut, aus der Opferrolle in eine aktive Rolle zu kommen, Einfluss auf das jetzige Leben nehmen zu können, Netzwerke aufzubauen. Es gilt zu lernen, die Dinge, die nicht zu ändern sind oder die man nicht ungeschehen machen kann, anzunehmen – was nicht bedeutet, dass man sie gutheißen muss. Man darf neben der Trauer auch Wut empfinden über das Leid, was einem zugefügt wurde. Die Kunst besteht dann darin, diese Wutenergie konstruktiv zu nutzen, anstatt Rachegedanken und -gefühlen Raum zu geben. Wichtig ist, die Hoffnung nicht zu verlieren und eine Zukunftsorientierung zu haben. Die Widerstandskraft wird gestärkt, wenn Menschen eine gute Selbstwahrnehmung und Selbstfürsorge entwickeln, sich als selbstwirksam erleben. Manche Menschen werden durch zu viel Leid und den Verlust jeglicher Hoffnung gebrochen. Es ist aber auch möglich, durch traumatische Erfahrungen zu wachsen, vielleicht sogar aufgrund der Bewältigung des erlebten Leides. Wir können nicht verhindern, dass es viel Leid auf der Welt gibt, aber wir können versuchen, das Leid und seine Ursachen zu lindern.

Kränkungen

Hier geht es um Verletzungen, die als Einzelereignis nicht das Ausmaß eines Traumas im Sinne einer existentiellen Bedrohung haben. In der Summe können sich viele Demütigungen und Abwertungen einerseits sowie der Mangel an Wertschätzung und Liebe andererseits traumatisch auswirken, Gefühle von Ohnmacht, Wertlosigkeit, Ausgeliefertsein und Hilflosigkeit hervorrufen. Auch wenn das Leben nicht unmittelbar bedroht ist, können ein Zuviel an Angriffen auf die eigene Person und ein Zuwenig an Fürsorge und Förderung das Selbstwertgefühl massiv beschädigen.

Wie fühlt man sich, wenn man ständig gehänselt und ausgegrenzt wird? Was kann man dagegensetzen? Beginnen wir in der frühen Entwicklung des noch Ungeborenen, das bereits unter Stresseinflüssen der werdenden Mutter stehen kann: Hier spielen die Umstände der Schwangerschaft, die Selbstfürsorge der schwangeren Frau und die sozialen Bedingungen eine Rolle, ebenso die Ernährung und das Weglassen von schädigenden Substanzen (zum Beispiel Alkohol oder Nikotin). Manche Kinder kommen schon mit der Vorbelastung auf die Welt, durch entsprechende Stoffe geschädigt und in ihrem Gedeihen beeinträchtigt zu sein.

Das Selbstwertgefühl eines Menschen kann somit also bereits pränatal negativ beeinflusst werden. In der weiteren Entwicklung spielen dann die elterliche Wertschätzung sowie die gelungene Interaktion zwischen den primären Bezugspersonen und dem Kind eine wichtige Rolle: Wie gewünscht ist das Kind von den Eltern? Spiegelt sich in den Augen der Mutter oder des Vaters der Glanz der Freude über das Kind wider? Wie wächst das kleine Wesen auf, erfährt es Förderung ohne Überforderung? Darf es Kind sein oder muss es eher für das Wohlergehen der Erwachsenen sorgen? Werden seine körperlichen und seelischen Grundbedürfnisse so befriedigt, dass es Urvertrauen entwickelt, sich sicher und behütet fühlen kann? Was ist mit der Gefühlsregulation? Wird es beruhigt, wenn es Angst hat? Wird es getröstet, wenn es traurig ist? Kann es seine Wut angemessen abreagieren? Oder muss es sich dafür schämen, überhaupt zu existieren? Fühlt es sich schuldig, weil es so viel Kritik und Demütigungen erfährt? Ist es dafür verantwortlich, wenn es der Bezugsperson schlecht geht?

Nehmen Sie sich einmal Zeit, über die folgenden Fragen in Ruhe nachzudenken:

Wie sind Sie selbst auf die Welt gekommen, wie wurden Sie empfangen?
Hat sich jemand über Ihre Entwicklungsschritte gefreut und diese gefördert?
Was sind Ihre Erfahrungen in der Kindergarten- und Schulzeit? Haben Sie sich verbunden und angenommen gefühlt oder überwiegen eher Erfahrungen, nicht dazuzugehören, unterle-

gen zu sein? Wenn Letzteres der Fall war: Wie haben Sie damals versucht, dies auszugleichen?
Gab es neben den Verletzungen Menschen, die Sie unterstützt und angenommen haben, die Ihnen vermittelt haben, dass Sie ein besonderer Mensch sind, der liebenswert ist, Fähigkeiten hat?
Wie haben Sie selbst versucht, den möglichen Mangel zu kompensieren?
Haben Sie gelernt, alles mit sich selbst auszumachen, niemanden zu brauchen, um nicht so abhängig und verletzbar zu sein?

Beziehungs- und Bindungserfahrungen prägen uns oft für das ganze weitere Leben. Es ist jedoch möglich, dass sich aus Unsicherheit und Misstrauen Gefühle von Sicherheit und Vertrauen entwickeln, wenn es korrigierende Erfahrungen gibt. Diese Erfahrungen müssen aber auch bewusst wahrgenommen werden, damit man sich von alten Verhaltensmustern lösen kann.

Menschen verletzen sich gegenseitig – das wird sich im Leben nie ganz verhindern lassen. Wenn gleichzeitig auch noch die Grundbedürfnisse ignoriert werden, fügen sich Menschen aus einem Mangel heraus womöglich noch mehr Schmerzen zu. Spüren Sie einmal nach, wie heilsam und stärkend es dagegen ist, wenn die Grundbedürfnisse tatsächlich wahrgenommen und befriedigt werden:

Stellen Sie sich vor, Sie haben alles, was Sie brauchen: Sie fühlen sich sicher, haben Orientierung im Leben und Kontrolle über Ihre Lebensführung, fühlen sich verbunden und unterstützt in Beziehungen, können Ihren Selbstwert anerkennen und schützen. Sie können sich frei entfalten, haben Einfluss darauf, was Sie möchten und was nicht. Sie müssen sich weniger mit anderen vergleichen, weil Sie Ihr Leben authentisch leben, müssen nicht neidisch sein, nicht in Konkurrenz treten, keine Macht über andere ausüben oder sich selbst unterdrückt fühlen.

Jetzt ist das Leben aber nicht wirklich fair und gerecht: Nicht jeder wird in seinen Bedürfnissen gesehen oder kann diese befriedigen. Ein feindseliges Umfeld, zwischenmenschliche Konflikte, chronische Überforderung, körperliche und seelische Erschöpfung und vieles mehr machen es schwer, Anforderungen und Belastungen mit entsprechenden Bewältigungsmöglichkeiten auszugleichen. Hilfreich wären soziale Unterstützung, ein wertschätzender Umgang, die Anerkennung von Grenzen, Raum und Zeit für Erholung und Ressourcenstärkung.

Versuchen Sie, bei sich selbst wahrzunehmen, wie feindselig oder freundlich Sie sich behandelt fühlen, wie Sie sich selbst schützen und stärken können, was Sie von sich selbst und anderen erwarten und wie realistisch diese Erwartungen sind.

»Mobbing«, durch die modernen Medien noch erweitert um das »Cyber-Mobbing«, bezeichnet ein feindseliges Verhalten zwischen Schülern und Schülerinnen, Kollegen und Kolleginnen, Vorgesetzten und Mitarbeitern bzw. Mitarbeiterinnen. Mobbing beinhaltet oft Intrigen und Schikanen und kann jeden treffen. Ursachen können Konkurrenz, Neid, Leistungsdruck oder Ängste sein (zum Beispiel den Arbeitsplatz zu verlieren oder nicht zu genügen oder keinen Fehler machen zu dürfen). Bei Mobbingopfern kann sich ein Teufelskreis entwickeln aus Stress, Angst, Wut, Hilflosigkeit, Konzentrationsproblemen, Fehlern, körperlichen Erkrankungen, Schlafstörungen, Fehlzeiten, Isolation. Beim Mobbing geht es nicht um einen einfachen Streit oder Konflikt – diese sind eher normal, wenn unterschiedliche Menschen zusammenarbeiten. Im positiven Fall können Konflikte sogar eine Chance zur Weiterentwicklung oder zur Verbesserung der Situation sein. Besteht ein Konflikt jedoch länger und sind die Beteiligten nicht in der Lage, das Problem allein zu lösen, eskaliert dieser häufig und es entsteht ein Ungleichgewicht zwischen den Beteiligten im Sinne von Macht und Ohnmacht. Der Stress wird für Betroffene noch größer, wenn solche Erfahrungen früher schon gemacht wurden, wenn die Verletzungen auf einen Boden fallen, auf dem sie gut gedeihen können, wenn immer tiefer in dieselbe Kerbe gehauen wird und man jetzt keine Bewältigungs- und Schutzmöglichkeiten zur Verfügung hat. Diese wären: sich jemandem anvertrauen zu können und Hilfe zu bekommen, dem Angreifer Grenzen zu setzen bzw. die eigenen Grenzen zu schützen, die eigenen inneren Kraftquellen zu erschließen, nach einem Angriff wieder zu Kräften zu kommen (zum Beispiel durch Gespräche mit Freunden, Sport, Aktivitäten zur Stressbewältigung und Entspannung, Meditation).

Wie uns Vorerfahrungen prägen

Körperliche Stressreaktionen

Die Schaltzentrale für die körperlichen Stressreaktionen ist das Gehirn. Hier findet – unter Rückgriff auf viele Vorerfahrungen – die Bewertung der Situation statt. Es gibt reale Bedrohungen, die Schutz- und Verteidigungsreaktionen auslösen. Solange man noch aktiv Einfluss nehmen kann, wird man kämpfen oder fliehen. Zu einer Art »Totstellreflex« kommt es erst dann, wenn Kampf und Flucht nicht mehr möglich sind. Die Abspaltung von Wahrnehmung und Bewusstsein dient dem Schutz vor nicht aushaltbaren (Gefühls-)Zuständen wie Todesangst, Schmerz, Ohnmacht und Ausgeliefertsein. Im Kampf- und Fluchtmodus fährt der Körper hoch, reagiert übererregt und mobilisiert die nötigen Energien. Im passiven Schutzmodus werden die Körpersysteme heruntergefahren, was einer Untererregung entspricht. Unter- und Übererregungszustände liegen außerhalb des Toleranzbereiches, der Körper befindet sich im Überlebensmodus. Ziel ist ein möglichst breiter Toleranzbereich dazwischen, in dem Lernen und Regulation möglich sind, Wahrnehmungen, Gefühle und Körperempfindungen aushaltbar sind, Handlungsfähigkeit besteht. Bewertet man eine Situation als bedrohlich, weil bestimmte Reize, die einem gar nicht bewusst sein müssen, an frühere Bedrohungen erinnern (selbst wenn gerade keine Gefahr vorliegt), wird ebenfalls eine Stressreaktion in Gang gesetzt. Die Bewertung selbst ist oft unbewusst. Das Gehirn greift dabei auf ein großes implizites Wissen zurück, das man aufgrund von vielen Lebenserfahrungen angesammelt hat. Wer als kleines Kind einmal eine heiße Herdplatte angefasst hat, erinnert sich an den Schmerz und bestimmte Reize der Situation, auch wenn vielleicht der Gesamtzusammenhang nicht bewusst erinnert wird. In der Folge kann sich ein Vermeidungsverhalten entwickeln, das dem Selbstschutz dient. Möglich sind auch plötzliche Übererregungszustände wie Panikattacken, die scheinbar wie aus heiterem Himmel kommen.

Was passiert bei einer Stressreaktion im Körper? Zunächst werden die aktiven Verteidigungsmöglichkeiten eingesetzt, also Kampf oder Flucht. Stellen Sie sich vor, was der Körper tun muss, um kämpfen oder fliehen zu können. Das ist vergleichbar mit Bewegungen im Sport, wenn man Muskelkraft einsetzt, meist in Armen und Beinen. Um Energie in Form von Zucker und Sauerstoff schnell dahin zu transportieren, wo sie gebraucht wird, kommt es zur verstärkten Durchblutung in diesen Bereichen: Arme, Beine, Herz, Lunge, Gehirn. Die Blutmenge von fünf bis sechs Liter muss umverteilt werden, da man unter Stress ja nicht mehr Blut zur Verfügung hat. Deshalb wird die Durchblutung der Verdauungs- und Fortpflanzungsorgane, der Entgiftungsorgane Leber und Nieren sowie des Immunsystems und der Haut reduziert. Diese werden wieder besser durchblutet, wenn die Stressreaktion heruntergefahren wird, die Entspannungs- und Erholungsphase eintritt.

Unter Stress werden vermehrt Hormone ins Blut abgegeben, die als sogenannte Stresshormone bestimmte Wirkungen im Körper entfalten. Die bekanntesten »Stresshormone« sind Adrenalin und Noradrenalin, die eine Gefäßverengung und damit ein Ansteigen des Blutdrucks verursachen. Das Herz pumpt zur Sauerstoffanreicherung vermehrt Blut über den Lungenkreislauf ins Gehirn sowie in Arme und Beine. Wie bei sportlicher Betätigung steigen Herz- und Pulsschlag sowie die Atemfrequenz an, die vermehrte Wärme wird durch Schwitzen abgegeben, Arm- und Beinmuskulatur spannen sich an.

Ein weiteres Stresshormon ist das Cortisol, das für eine Blutzuckererhöhung sorgt. Zucker ist nämlich der schnellste Energielieferant. Gleichzeitig unterdrückt Cortisol das Immunsystem. Gesteuert durch das Gehirn setzt der Körper eine Stressreaktion in Gang, wenn es ums Überleben geht. In der Regel sind damit Gefühle von Bedrohung, Überforderung und Kontrollverlust verbunden. Macht man hingegen gezielt Sport, wird die Bewertung anders als bei der Stressreaktion sein, obwohl der Körper vergleichbar reagiert. Unter Stress meint man womöglich, der Körper spiele verrückt, während bei körperlicher Bewegung entsprechende Reaktionen als kontrolliert, sinnvoll und normal bewertet werden. Im einen Fall erlebt man Kontrollverlust, im anderen Fall Kontrolle. Unter Umständen testet man beim Sport sogar die körperlichen Grenzen aus.

Beim Stress unterscheidet man zwischen Eustress und Disstress. Herausforderungen, die bewältigbar sind, lösen mitunter sogar

Glücksgefühle aus, hier spricht man von Eustress. Der Disstress tritt in Situationen auf, die nicht oder kaum bewältigbar wahrgenommen werden. Er wird als Überforderung erlebt, ist vielleicht sogar mit Gefühlen des Ausgeliefertseins, des Gefangenseins verbunden. Kommt man aus dem Disstress nicht heraus, kann die Stressreaktion anhalten, man erholt sich nicht mehr, ist irgendwann erschöpft. Wird dieser Zustand als bedrohlich erlebt, kann sich ein Teufelskreis entwickeln. Traumatisierte Menschen bleiben oft in solchen Gefühlen stecken, solange sie nicht bewusst aus der Opferrolle in eine aktive Rolle kommen. Dafür nötig sind äußere Sicherheit und soziale Unterstützung. Es braucht einen geschützten Raum und ausreichend Zeit, um das Erlebte zu verarbeiten und Selbstwirksamkeit zu entwickeln.

Es gibt verschiedene Möglichkeiten, solchem Disstress entgegenzuwirken: Man kann überprüfen, ob die Situation veränderbar ist und was man dafür braucht. Man kann die Bewertungen und inneren Haltungen anschauen. Wenn man etwas Schlimmes überstanden hat, hilft es, sich bewusst zu machen, dass es vorbei ist. Die Stressreaktion kann dann heruntergefahren werden, wenn man wieder mehr äußere und innere Sicherheit erlebt. Es braucht eine Erholungsphase, bevor man wieder zur Tagesordnung übergeht. Immer nur »zu funktionieren« mag dabei helfen zu überleben und den Alltag zu meistern, zum Leben braucht es aber mehr. Menschen können lernen wahrzunehmen, ob sie sich in ihrem Tun eher wie ein Automat oder ein Roboter fühlen, ob sie Lebendigkeit, Freude, Neugierde vermissen. Sie können nach Wegen aus dem Hamsterrad suchen.

In unserer modernen Gesellschaft wird viel vom Stress geredet: Leistungsdruck, Konkurrenz, Zeitmangel und das Gefühl des Gehetztseins spielen eine immer größere Rolle. Grenzen werden nicht mehr eingehalten, alles soll machbar sein. Altern sowie Abhängigkeit jeglicher Art sind negativ besetzt. Die eigenen Erwartungen und die der anderen sind hoch. Wer krank wird, kann schnell auf dem Abstellgleis landen. Auch wenn es Gegenbestrebungen gibt, bildet das doch unsere Leistungsgesellschaft ab. Die Zivilisationskrankheiten nehmen zu: Immer mehr Menschen leiden unter Bluthochdruck, Übergewicht oder Diabetes. Oder sie sind seelisch krank, leiden etwa unter Depression oder haben ein Suchtverhalten entwickelt.

Gerade Bluthochdruck und Diabetes können durch Stresshormone wie Adrenalin und Cortisol gefördert werden, insbesondere wenn eine Veranlagung für entsprechende Krankheiten vorliegt. Die meisten Menschen nehmen unter Stress eher an Gewicht zu als ab, da der Körper vom Gehirn das Signal bekommt, Energie für Kampf oder Flucht mobilisieren zu müssen, am besten in Form von Zucker. Nicht wenige versuchen, Müdigkeit und Erschöpfung »wegzuessen«, bekommen unter Druck Heißhungerattacken.

Achtsamkeit, Selbstwahrnehmung und Selbstfürsorge brauchen Zeit, Übung und die Fähigkeit, den Kontakt mit sich selbst, seinen Gefühlen und Empfindungen auszuhalten. Wie oft laufen Menschen davon, ergreifen innerlich die Flucht, um ihre Erschöpfung, Trauer, Wut, Überforderung nicht zu spüren. Es kann darum sinnvoll sein, sich selbst zu fragen:

Wie viel Angst lasse ich wirklich zu?
Versuche ich, Gefühle wie Angst oder Überforderung durch Ablenkung abzuwehren?

Stress kann auch entstehen, wenn man sich überfordert, sich einsam, traurig, frustriert fühlt oder unter Schmerzen leidet. Der Körper befindet sich dann im Überlebensmodus. Verdauung, das System der harnableitenden Wege, die Geschlechtsorgane und das Immunsystem werden in ihrer Funktion gestört. Der eine leidet unter Magendruck, die andere unter einem Wechsel von Durchfall und Verstopfung, man nimmt jeden Infekt mit und schleppt ihn länger mit sich herum. Bei Frauen kann es zudem zu Zyklusstörungen kommen. Der Schlaf ist nicht erholsam, weil es schwerfällt, unter Stress Kontrolle abzugeben und die Muskulatur zu entspannen. Anspannung und Verspannung können Schmerzen verursachen, daraus resultierende Fehlhaltungen schließen den Teufelskreis. Wenn anhaltende Stressreaktionen zu Erschöpfung führen, gibt es manchmal keine Erholungsreserve mehr: Wer erschöpft ist, kommt nicht gut zur Ruhe, um sich im Schlaf entspannen und regenerieren zu können.

Wie anfangs erwähnt, ist das Gehirn die Schaltzentrale. Damit wollen wir uns im Weiteren näher beschäftigen. Der Körper »spinnt« nicht, wenn er Stressreaktionen zeigt. Evolutionär gesehen geht es ums Überleben. Die Stressfaktoren unserer modernen

Gesellschaft sind zwar andere als in der Steinzeit, der Körper funktioniert aber noch wie zu Urzeiten. Daher ist es gut, wenn man Stressreaktionen auch körperlich abreagieren kann. Die hochgefahrene Energie wird durch Bewegung verbraucht, wie dies bei unseren Vorfahren in Kampf- oder Fluchtsituationen der Fall war. Erlebt man beim Sport Kontrolle, hilft das, sich von Gefühlen des Kontrollverlusts zu lösen. Außerdem stärkt es das Vertrauen in den Körper, wenn man den Wechsel zwischen Anspannung und Entspannung trainiert und entsprechende Reaktionen als normale Anpassungsreaktionen verstehen kann. Der Sport als Stressregulativ sollte natürlich nicht unter dem Leistungsaspekt betrieben werden.

Verarbeitung im Gehirn

Wir können uns das Gehirn wie ein riesiges Netzwerk vorstellen: Milliarden von Nervenzellen sind durch Nervenbahnen untereinander verbunden, wobei es eine unendliche Anzahl von Verknüpfungsmöglichkeiten gibt. Dieses Netzwerk ist nicht statisch, auch nicht, wenn wir bereits erwachsen sind. Es ist vielmehr plastisch, also auch veränderbar. Man spricht daher von Neuroplastizität. Jeder Lernvorgang führt zu neuen Verknüpfungen, und das lebenslang. Das, was wir häufig tun, denken, fühlen und empfinden, vernetzt sich dichter. Das Nervensystem ähnelt in dieser Hinsicht unserer Muskulatur und kann – genau wie unser Körper – trainiert werden.

Umgekehrt lässt der Nichtgebrauch Nervenverbindungen verkümmern. Ein Berufsmusiker übt Tausende von Stunden, entsprechend sind seine Netzwerke in Bezug auf Gehör oder Koordination der Finger sehr dicht. Wenn Nervenzellen gemeinsam aktiviert werden, schaffen sie Verbindungen untereinander, je häufiger, desto dichter. Umgekehrt kann es passieren, dass jemand zum Beispiel im Erwachsenenalter erblindet und die Sehrinde im Gehirn keine Reize mehr empfängt. Dafür werden bei entsprechender Übung die Netzwerke in Bezug auf Hören und Tasten – man denke an die Blindenschrift – dichter. Auch die anderen Sinne werden geschärft. Haben Sie sich mal mit geschlossenen Augen auf Riechen und Schmecken konzentriert und dadurch intensiver wahrgenommen? Es gibt Blinde, die sich mit viel Übung über das Gehör im Raum orientieren.

Menschen, die einen Schlaganfall erlitten haben, bei dem Teile des Gehirns durch Minderdurchblutung oder aber eine unkontrollierte Blutung geschädigt wurden, erlangen durch Üben oft wieder Fähigkeiten wie das Sprechen oder das Gehen nach vorheriger Lähmung zurück. Es können sich neue Netzwerke aufbauen, wobei sich das Ausmaß an Schädigung und die Möglichkeiten einer Regeneration individuell unterscheiden.

Durch die bildgebenden Verfahren ist es heute möglich, beim lebenden Menschen Hirnfunktionen zu untersuchen, dem Gehirn sozusagen beim Arbeiten zuzusehen. Allerdings ist man weit davon entfernt, Gedanken zu lesen. Konzentrieren wir uns auf zwei Strukturen im Gehirn, die für Gedächtnis und Erinnerung wichtig sind. Relativ mittig liegt das »Seepferdchen«, griechisch »Hippocampus«. Seinen Namen hat diese Struktur aufgrund ihrer Form erhalten. Wir können uns den Hippocampus wie einen Gedächtnis- und Wissensspeicher vorstellen, vergleichbar mit einer großen Bibliothek oder mit dem Speicher der Computerfestplatte. Alles, was wir bisher gelernt haben und woran wir uns erinnern, ist hier gespeichert. Dazu gehören auch biografische Daten, also das, was unser persönliches Leben ausmacht.

Dem Hippocampus benachbart liegen die Mandelkerne, griechisch »Amygdalae«. Auch diese haben ihren Namen aufgrund ihrer Form bekommen. Die Mandelkerne speichern Gefühlserinnerungen, Bilder und Körperempfindungen. Wir können den Hippocampus als unser »kaltes Gedächtnis« verstehen, weil das Wissen und Erinnern nicht mit Gefühlen, Bildern und Körpererleben verbunden sein muss. Erst die Verknüpfungen mit den Erinnerungen in den Mandelkernen machen die Lebendigkeit aus. Denkt man an eine vergangene Situation, ist das Wissen darum im Hippocampus gespeichert. Um aber die Gefühle, die wir damals verspürt haben, die Bilder und das Körpererleben abzurufen, brauchen wir die Verbindung zu den Mandelkernen. Die Erinnerung über die Mandelkerne können wir als »heißes Gedächtnis« verstehen.

Am besten geht es uns im »wohltemperierten« Bereich – nicht zu kalt, nicht zu heiß. Menschen leiden darunter, wenn sie Fakten aus ihrem Leben benennen, aber kein Erleben dazu haben. Umgekehrt sind heftige Gefühlserinnerungen schwer aushaltbar, wenn die Mandelkerne aktiviert sind, aber kein Zugang zum Gesamtzusammenhang über den Hippocampus besteht. Angst wird besonders gut über die Mandelkerne erinnert. Evolutionär gesehen ist es überlebensnotwendig, bedrohliche Situationen gut abzuspeichern, um sich bei erneuten Gefahren schützen zu können. Wenn man viele Bedrohungen erlebt hat, ist das Alarmsystem scharf gestellt, springt womöglich bei jedem Reiz an, der eine Ähnlichkeit mit der früheren Situation hat.

Um eine ständige Stressreaktion zu verhindern, müssen wir unser bewusstes Denken einschalten, für das insbesondere Bereiche im Stirnhirn, also dem Frontallappen, und der Großhirnrinde verantwortlich sind. Dieser Weg ist aufwendiger, braucht mehr Zeit als der kurze »Notfallweg«. Über den regulierenden Einfluss von Stirnhirn und Großhirnrinde können wir Einfluss nehmen, unser »heißes Gedächtnis« abkühlen. Das passiert, indem wir uns bewusst machen, wie die aktuelle Situation tatsächlich ist, ob wirklich eine Bedrohung vorhanden ist oder ob es eher die Erinnerung an eine Bedrohung ist, die die Angstreaktion verursacht.

Die bewusste Einordnung im Hier und Jetzt, die achtsame Wahrnehmung in der Gegenwart sind der Schlüssel, um Einfluss nehmen zu können. Der Gesamtzusammenhang wird auf allen Ebenen hergestellt. Dabei ergeben sich konkrete Fragen:

Wie ist die Situation?
Wie denke ich über die aktuelle Situation?
Was fühle ich in dieser Situation?
Was spüre ich im Körper?
Wie verhalte ich mich in dieser Situation? Wie reagiere ich?

Wenn man sich in einer Situation mit seinen Gedanken, Gefühlen und Körperempfindungen wahrnimmt, hat man Kontakt zu sich, kann besser verstehen, was belastend oder hilfreich ist, erlebt mehr Kontrolle und Selbstwirksamkeit. Damit befriedigt man bereits wesentliche Grundbedürfnisse.

Ab wann sind wir überhaupt in der Lage, bewusst zu denken und bewusste Erinnerungen abzuspeichern? Hier besteht eine enge Koppelung an die Sprachentwicklung. Solange uns die Sprache nicht zur Verfügung steht, können wir nicht in Worten denken. Aus diesem Grund können wir uns an unsere frühesten Lebensjahre (etwa die ersten zwei bis drei Lebensjahre) nicht bewusst erinnern, sodass wir sagen könnten: Ich erinnere mich an den Tag meiner Geburt. Oder: Ich weiß noch genau, wie ich im ersten

Lebensjahr gekrabbelt bin und wie ich das Laufen gelernt habe. Trotzdem passiert im Gehirn eines kleinen Kindes ganz viel. Die ersten Lebensjahre sind prägend für die Entwicklung eines Gefühls der Sicherheit und des Vertrauens sowie der Fähigkeit, Beziehungen und Bindungen zu anderen Menschen aufzubauen.

Die Netzwerke im Hippocampus bauen sich mit der Sprachentwicklung auf, sodass Dinge im Gesamtzusammenhang eingeordnet und verstanden werden können. Die Erinnerungen der ersten Lebensjahre sind eher über Gefühle, Bilder und Körpererleben abgespeichert, also in den Mandelkernen. Das erklärt, warum man auf der Gefühls- und Körperebene durchaus lebhafte Erinnerungen haben kann, ohne diese im Zusammenhang zu verstehen. Wenn der Körper plötzlich mit heftigen Schmerzen reagiert, wenn ohne körperliche Ursache oder scheinbar wie aus heiterem Himmel eine Panikattacke auftritt, werden Angst- oder Traumanetzwerke in den Mandelkernen durch Reize aktiviert, die oft nicht bewusst sind.

Auch nach den ersten drei Lebensjahren, wenn die Sprache bereits zur Verfügung steht, fehlt für viele Ereignisse der Gesamtzusammenhang. Die Erinnerung kann zu kalt oder zu heiß sein. Dafür gibt es folgende Gründe: Unter Angst wird das Denken eng, Stressreaktionen werden in Gang gesetzt. Das Gehirn ist hellwach, aber auf die mögliche Bedrohung fokussiert. Auf Körperebene kommt es zu Schutz- und Verteidigungsreaktionen. Im Gehirn überwiegt der Überlebensmodus mit den kurzen und schnellen Wegen. Über den längeren Weg des Stirnhirns und der Großhirnrinde kann man sich oft erst nach der akuten Bedrohung, wenn die Gefahr vorbei ist, bewusst machen, was passiert ist. Erst dann realisiert man auch, dass man jetzt wieder in Sicherheit ist, dass die Stressreaktionen heruntergefahren werden können.

Findet diese bewusste Einordnung nicht statt, kann man steckenbleiben in der Angst und den anhaltenden Stressreaktionen, das Alarmsystem ist scharf gestellt, das Gehirn überwachsam. Wenn man sich nicht sicher fühlt, viel Unberechenbarkeit erlebt hat, kann man nicht Kontrolle abgeben und zur Ruhe kommen. So einen Übererregungszustand kann man sich wie ein volles Fass vorstellen, bei dem es nur noch des letzten Tropfens bedarf, damit es überläuft. Dieser letzte Tropfen kann im Alltag eine Kleinigkeit sein. Wenn man vorher keine Wahrnehmung für das volle Fass hat, versteht man die heftige Reaktion nicht, wie sie zum Beispiel bei einer

Panikattacke auftritt. Eine Panikattacke ist eine ausgeprägte Stressreaktion, ausgelöst werden kann sie durch den letzten Tropfen, der das Fass überlaufen lässt. Neben der Übererregung und dem »heißen Gedächtnis« kann es auch zu Untererregungszuständen kommen, wo man keine Wahrnehmung für Gefühle oder Körpererleben hat. Was nicht aushaltbar ist, spaltet man mehr oder weniger ab, was ein Schutz- und Überlebensmechanismus im Sinne des »Totstellreflexes« ist. Wenn man unter starkem Stress bestimmte Dinge nicht in das Bewusstsein lässt, wird man sie auch nicht abspeichern. Das erklärt Erinnerungslücken in Situationen, in denen man sich massiv bedroht fühlt.

In starken Stresssituationen werden körpereigene Endorphine freigesetzt, die Schmerz und Angst betäuben, wie es vom Morphin bekannt ist. Marathonläufer können davon richtig »high« werden. Untererregungs- und Betäubungszustände werden nicht im Gesamtzusammenhang abgespeichert, was die Verarbeitung erschwert. Erinnerungen können bruchstückhaft wiedererlebt werden: Das kann in Form von Gefühlen sein, als Körpererinnerung oder als Bilder im Kopf. Fehlt der Gesamtzusammenhang, wird dieses Wiedererleben mitunter als bedrohlich erlebt. Stellen Sie sich vor, Sie haben plötzlich Ängste oder Schmerzen und können diese nicht verstehen und zuordnen. Das kann Gefühle von Kontrollverlust oder Ausgeliefertsein auslösen, wie man sie auch im Zusammenhang mit Traumatisierungen kennt.

Sind Erfahrungen noch nicht richtig verarbeitet, wechseln Phasen von Übererregung ab mit Phasen von Untererregung, in denen Wahrnehmung, Gedächtnis und Bewusstsein mehr oder weniger abgespalten sein können. Wenn es gelingt, aus der Übererregung herunterzuregulieren in den Toleranzbereich und aus der Untererregung wieder mehr ins Hier und Jetzt zu kommen, dann kann man in der Gegenwart die Situation mit den dazugehörenden Gedanken, Gefühlen und (Körper-)Reaktionen einordnen. So verbinden sich Erinnerungen aus dem Hippocampus mit dem Erleben über die Mandelkerne. Man kann realisieren, was passiert ist, und es der entsprechenden Zeitebene zuordnen: Was gehört zur Vergangenheit und ist vorbei? Was ist jetzt die Lebensrealität? Was ist die Zukunftsperspektive? Was bewusst ist, kann man eher beeinflussen und als Teil der Lebensgeschichte integrieren.

Innere Haltungen und Einstellungsmuster

Menschen kommen nicht mit einem bestimmten Selbst- oder Weltbild als Neugeborene ins Leben. Sowohl das Selbst- als auch das Weltbild entwickeln sich erst im Zusammenhang mit Erfahrungen und Bewertungen. Ob man die Umgebung als freundlich oder eher feindselig erlebt, ob man sich in der Bindung zu anderen Menschen sicher fühlt, hängt zunächst von den äußeren Bedingungen ab. Im nächsten Schritt sind dann die zur Verfügung stehenden Bewältigungsmöglichkeiten und die individuelle Art, mit den äußeren Bedingungen umzugehen, entscheidend. Man kommt auf die Welt und ist in der Befriedigung seiner Grundbedürfnisse abhängig von den Bezugspersonen. Stimmt die Passung und man bekommt, was man braucht, kann man sich sicher fühlen und Vertrauen entwickeln.

Werden körperliche und seelische Grundbedürfnisse nicht ausreichend befriedigt, entsteht eine Mangelsituation, mit der man irgendwie zurechtzukommen versucht. Wenn ein Kind vernachlässigt wird, Schmerzen erleidet, Körper und Seele nicht gut genährt werden, wird es anfangs versuchen, die Versorgung aktiv einzufordern, indem es schreit. Hilft das nicht, lernt es, die Grundbedürfnisse nicht mehr so wahrzunehmen, verstummt womöglich.

Mit den Gefühlen passiert etwas Ähnliches. Zunächst ist das Kind in der Gefühlsregulation abhängig von der Bindungsperson, die beruhigen, trösten, Leid lindern soll. Dafür muss diese aber die Bedürfnisse des Kindes wahrnehmen, erkennen und passend befriedigen. Den Schrei des Kindes muss die versorgende Person feinfühlig interpretieren und so herausfinden, was das Kind jetzt wirklich braucht. Diese Passung kann gestört sein, wenn ein Elternteil überfordert ist, wenn das Kind in seiner Bedürftigkeit abgelehnt wird oder wenn Vater oder Mutter selbst nicht gut für sich sorgen können.

Im vorigen Abschnitt wurde ausgeführt, dass Gefühle, Bilder und Körperempfindungen in den Mandelkernen abgespeichert werden und Netzwerke bilden. Noch bevor wir denken und uns bewusst erinnern, entstehen prägende Netzwerke im Gehirn, die ein Leben lang durch Reize aktiviert werden können, die unsere Vorlieben, aber auch unsere Abneigungen mitbestimmen. Überwiegen »Angstnetzwerke«, vermeidet man zum Schutz Situationen und Dinge, die schwer kontrollierbar sind. Das hat den Preis, dass man oft keine besseren und neuen Erfahrungen macht, die bisherige Netzwerke verändern könnten. So bilden sich Muster im Denken, Fühlen und Handeln.

Die folgende Übung kann helfen, solche, aufgrund von Vorerfahrungen entwickelten inneren Haltungen und Einstellungsmuster auf eine bewusste Ebene zu bringen.

Schauen Sie einmal, ob Sie in einem oder mehreren der folgenden Sätze eigene Haltungen sich selbst gegenüber wiederfinden können:

- »Ich bin nur etwas wert, wenn ich etwas leiste.«
- »Ich habe es nicht besser verdient.«
- »Ich muss den anderen gerecht werden.«
- »Ich darf keinen Fehler machen.«
- »Es ist egoistisch, wenn ich für mich selbst sorge.«
- »Wenn es mir besser geht, werde ich dafür bestraft.«

Es ist hilfreich, wenn Sie Ihre eigenen Haltungen, die Ihre Gefühle und Verhaltensweisen maßgeblich beeinflussen, identifizieren können. Sie können sich dabei auch an Ihren Gefühlen und Reaktionen orientieren, um Rückschlüsse auf zugrunde liegende Bewertungen zu ziehen. Wer häufig Angst erlebt und viel Kontrolle braucht, weil es an Sicherheitsgefühlen mangelt, kann dahinter z. B. folgende unbewussten Haltungen erkennen:

- »Ich muss in einer feindseligen Welt ums Überleben kämpfen.«
- »Ich kann niemandem trauen.«
- »Ich muss stark sein und alleine zurechtkommen.«
- »Hilfe zu brauchen, bedeutet Schwäche.«
- »Wenn ich Wut zulasse, verliere ich die Kontrolle.«

Wenn man seine Verhaltensweisen beobachtet, stellt man vielleicht fest, dass man Konflikte eher vermeidet, harmoniebedürftig ist und sich deshalb übermäßig anpasst. Oder man wird sich dessen bewusst, dass man nicht Nein sagen kann, vielleicht auch dazu neigt, Ärger in sich hineinzufressen, Wut eher gegen sich selbst zu richten, und dass man über sich denkt: »Ich bin ein Versager. Mein Leben ist eine Reihe von Fehlschlägen. Ich bin hilflos. Meine Hoffnungen werden enttäuscht, ich habe nichts mehr vom Leben zu erwarten.« Doch wenn man die eigenen inneren Haltungen auf ihren Realitätsgehalt und ihre Stimmigkeit hin überprüft, stellen sich schnell Fragen, die es zu bedenken gilt: Wie realistisch ist es beispielsweise, niemals Fehler zu machen? Wie hilfreich ist so eine Haltung? Was für Gefühle löst sie aus? Wahrscheinlich kommt man zu dem Schluss, dass es unrealistisch ist, gar keinen Fehler zu machen. Wenn man perfekt sein will, wird das viel Druck erzeugen. Der Stress wird verstärkt und in der Folge erhöht sich die Fehlerwahrscheinlichkeit. Das Ziel, 80 Prozent zu erreichen, bringt meist ein Maximum an Effektivität im Verhältnis zum Aufwand. Strebt man 100 Prozent an, muss man für die restlichen 20 Prozent häufig überdimensional viel Zeit und Kraft einsetzen. Spüren Sie dem einmal nach:

Wie steht es mit meiner eigenen Fehlerkultur?
Wie perfektionistisch bin ich?
Muss ich mir selbst immer wieder beweisen, dass ich etwas wert bin?
Versuche ich stets, besser zu sein als andere?
Lege ich die Messlatte oft so hoch, dass sie gar nicht mehr erreichbar ist, und werte die Nichterfüllung meiner eigenen Ansprüche an mich selbst dann als Versagen?
Wurde ich früher als Kind für meine Lebendigkeit und mein Temperament bestraft?
Habe ich destruktiven Neid erlebt, wenn mir etwas gelungen ist?
Wurde mir vermittelt, dass ich so, wie ich bin, nicht liebenswert bin und deshalb die Erwartungen anderer erfüllen muss, um angenommen zu werden?

Innere Haltungen, die aus heutiger Sicht nicht realistisch und hilfreich sind und sich auch nicht gut anfühlen, sollten verändert werden. Der erste Schritt dazu ist das Erkennen. Der zweite Schritt ist die Überprüfung von Bewertungen. Im dritten Schritt kann man dann versuchen, realistischere und hilfreichere Haltungen und Einstellungsmuster zu formulieren, die dazu beitragen, dass man sich besser fühlen kann. Diesen Prozess bezeichnet man als »Umstrukturierung dysfunktionaler Kognitionen« oder auch einfach »kognitive Umstrukturierung«.

Je bewusster wir Gedanken, Gefühle und Reaktionen wahrnehmen, desto mehr Einfluss können wir nehmen und so hilfreichere Haltungen entwickeln. Hier einige Beispiele, wie solche hilfreicheren Haltungen in Worte gefasst werden können:

- »Ich darf meine Grenzen wahrnehmen und schützen.«
- »Es ist eine Fähigkeit, sich Hilfe holen zu können.«
- »Es ist gut, sich um die eigene Bedürftigkeit zu kümmern.«

Wichtig ist, dass sich die neue Haltung stimmig anfühlt, man diese annehmen kann. Das ist meist nicht der Fall, wenn man einfach das Gegenteil formuliert und so in das jeweils andere Extrem verfällt, wie dies in den folgenden Beispielen gemacht wurde:

- »Ich darf keinen Fehler machen.« – »Es ist egal, ob ich Fehler mache.«
- »Ich bin hässlich.« – »Ich bin schön.«
- »Ich habe keine Existenzberechtigung.« – »Ich muss auf andere keine Rücksicht nehmen.«

Hilfreich sind Formulierungen, die eine Entwicklung zulassen, die einen Weg bahnen, wenn das Ziel noch zu weit weg erscheint und sich deswegen nicht stimmig anfühlt. In Bezug auf Fehler darf man sich beispielsweise zugestehen, dass sie passieren, weil kein Mensch perfekt ist, dass man aber andererseits auch nicht immer wieder die gleichen Fehler wiederholen muss. Wer sich selbst schlecht annehmen kann, weil er ein negatives Selbstbild hat, könnte etwa als Entwicklungsaufgabe definieren: »Ich kann lernen, mich anzunehmen mit meinen Stärken und Schwächen.«

Gefühle verändern sich in eine positive Richtung, wenn die inneren Haltungen und Denkmuster diesen Weg öffnen und wenn die äußeren Bedingungen so stabil sind, dass sich die früheren negativen Erfahrungen, die prägend für das bisherige Selbst- und Weltbild waren, nicht wiederholen. Wer noch real bedroht ist, kann nicht die Haltung entwickeln, in Sicherheit zu sein. Wer in Beziehungen weiter abgewertet und gedemütigt wird, dem hilft das Grundrecht der Menschenwürde nicht weiter. Wer für Fehler massiv bestraft wird, als Mensch völlig infrage gestellt wird, wird es schwer haben, die eigenen Grenzen zu schützen. Wenn sich allerdings das jetzige Leben von früher unterscheidet, weil man nicht mehr so abhängig wie als Kind ist, weil man lernen kann, die eigenen Bedürfnisse zu befriedigen, weil man sich Hilfe holen oder ein traumatisierendes Umfeld verlassen kann, dann ist es realistisch, dass man auf sein jetziges Leben Einfluss nehmen kann. Sind äußere Sicherheit und ein gutes soziales Umfeld gegeben, kann sich über die Entwicklung realistischer, hilfreicher und stimmiger innerer Haltungen das Selbst- und Weltbild verändern.

4. Wie wir versuchen, unsere Grundbedürfnisse zu befriedigen

Kurzfristige und langfristige Bewältigungsmöglichkeiten

Im letzten Kapitel haben wir uns damit beschäftigt, was passiert, wenn die Grundbedürfnisse aufgrund von äußeren und inneren Belastungsfaktoren nicht gut befriedigt werden können. Da es sich um körperliche und seelische Grundbedürfnisse handelt, versuchen wir Wege zu finden, die trotz widriger Bedingungen gangbar sind. Meist ist das kein bewusster Prozess, in dem wir Pro und Kontra abwägen und uns dann aktiv entscheiden. Wir geraten eher auf Wege, die bereits durch unsere Vorerfahrungen gebahnt sind und bei denen die Netzwerke aufgrund häufiger Nutzung dicht sind und durch Reize schneller aktiviert werden. Diese »Autobahnen« im Gehirn führen uns leicht in gewohnte Denk-, Gefühls- und Verhaltensmuster. Das läuft fast automatisiert und unter Umgehung der bewussten Regulation über den Verstand ab.

Je nach Bedarf nutzen wir verschiedene Funktionssysteme. Wenn es ums Überleben geht, aktivieren wir Schutz- und Verteidigungsreaktionen (Kampf, Flucht, Totstellen). Wenn es um das Leben, die Alltagsbewältigung und die Erhaltung der Art geht, stehen andere Funktionssysteme im Vordergrund (Nahrungssuche, Exploration, Neugierde, Bindung, Fürsorge). Verteidigungsreaktionen erfolgen kurzfristig auf dem schnellen Weg, die Alltagsbewältigung findet langfristiger und geplanter statt. Stehen wir sehr unter Stress, versuchen wir diesen Zustand kurzfristig aushaltbarer zu machen. Dann kann es passieren, dass wir wie ein Roboter funktionieren, uns aber wenig wahrnehmen. Gleichzeitig kann es zu Kampf- oder Fluchtimpulsen kommen, die aber nicht abreagiert werden. Das Gefühl, neben sich zu stehen, wie betäubt zu sein, könnte der Versuch sein, sich zu schützen vor zu vielen oder nicht aushaltbaren Reizen. Spürt man sich wenig und verliert den Kontakt zu sich selbst, werden die Selbstfürsorge, die Wahrnehmung und Befriedigung der eigenen Bedürfnisse schwierig.

Wenn wir unser Verhalten in verschiedenen Situationen einmal genauer beobachten, stellen wir fest, dass dahinter bestimmte Funktionen stehen. Wir machen nichts ohne Grund, selbst wenn uns dieser meist nicht bewusst ist. Es ist wichtig, zugrunde liegende Funktionen zu verstehen, um auf der bewussten Ebene Einfluss nehmen zu können. Hier einige Beispiele aus dem Alltag:

Man kommt müde und gestresst von der Arbeit nach Hause und versucht, sich über Essen und Fernsehen zu entspannen.

Man ist belastet durch aktuelle Probleme, die nicht lösbar erscheinen, und betäubt seinen Frust mit Alkohol.

Man fühlt sich überfordert, kann es nicht mehr alleine schaffen, zieht sich aber sozial immer mehr zurück, weil man meint, sowieso keine Hilfe zu bekommen.

Man steht unter Stress und treibt sich selbst trotzdem noch mehr an, weil man Angst hat, es sonst nicht zu schaffen.

Man macht jeden Tag weiter bis zur Erschöpfung, weil man nicht den Mut und die Kraft für eine Veränderung aufbringen kann.

In den beschriebenen Situationen hat das Verhalten eine kurzfristig entlastende Funktion. Zur Störung kann es sich entwickeln, wenn sich langfristig Leidensdruck aufbaut, weil die kurzfristig positiven Konsequenzen langfristig negative Folgen haben.

Hat man viel Stress und setzt zur Regulation Essen und Fernsehen ein, könnte sich das schädlich auf den Körper und die Seele auswirken (zum Beispiel Gewichtszunahme, sozialer Rückzug, kein wirklicher Ausgleich im Sinne von Kraftquellen).

Wer seinen Körper häufig mit Suchtmitteln wie Alkohol betäubt, wird längerfristig ein Suchtproblem haben.

Wenn man sich überfordert fühlt und sich zurückzieht, bestätigt man sich in der inneren Haltung, keine Hilfe zu bekommen.

Wenn man sich unter Stress noch mehr unter Druck setzt, wird man langfristig so erschöpft sein, dass man die gewünschte Leistung erst recht nicht mehr erbringt.

Veränderung bedeutet kurzfristig mehr Stress und wird deswegen oft vermieden. Um Veränderungsschritte einzuleiten, braucht es Zeit und Raum, die kurzfristig scheinbar nicht verfügbar sind.

Nehmen wir uns jetzt die Zeit, um die Frage zu betrachten, was uns wirklich wichtig ist: Es gibt dringende und wichtige Dinge, die kurzfristig erledigt werden müssen. Und es gibt die langfristig wichtigen Dinge, die unsere Vorstellungen vom Leben, vom Sinn, vielleicht auch vom Glück betreffen. Wenn wir genauer hinschauen, finden wir auch viele Dinge, die für uns persönlich eigentlich unwichtig sind und dennoch vordergründig dringend erscheinen. Es werden etliche Reize, Erwartungen und Ansprüche an uns herangetragen, die wir aktiv gar nicht herbeigeführt haben: Berieselung über die Medien, Werbepost, Mails und Anrufe. Kurzfristig reagieren wir darauf, auch wenn es für uns nicht wirklich von Bedeutung ist. Es kann uns auch passieren, dass wir langfristig viel Zeit mit Dingen verbringen, die an unserem eigentlichen Leben, wie wir es uns wünschen, vorbeigehen.

Stellen wir uns das Leben als ein großes Gefäß vor, das wir füllen. Wir haben große und kleine Steine, Sand und Wasser. Die großen Steine symbolisieren das, was für uns am meisten Gewicht hat, wofür es Raum und Zeit geben sollte. Neben der Grundausrichtung im Leben gibt es viele Alltäglichkeiten, die durchaus auch wichtig sind. Diese werden durch die kleineren Steine und den Sand symbolisiert, die das Gefäß weiter füllen. Das Wasser schließlich sucht sich seinen Weg durch die Lücken, bis das Gefäß gefüllt ist. Wenn wir die großen Steine am Anfang in das Gefäß legen, ist noch genug Platz für kleine Steine, Sand und Wasser. Stellen wir uns vor, wir würden das Gefäß zuerst mit Sand und Wasser füllen. Wo sollen die großen Steine dann noch Platz finden?

Kommen wir auf die Grundbedürfnisse zurück, die Bausteine und Füllstoff unseres Lebens sind. Wenn es an Sicherheit und Kontrolle mangelt, werden wir viel Kraft und Energie in den Überlebenskampf stecken. Sicherheit steht an erster Stelle. Das Bindungsbedürfnis muss ebenfalls befriedigt werden, was Konflikte in Bezug auf die gegensätzlichen Pole Autonomie und Abhängigkeit mit sich bringen kann. Hier gilt es, ein Gleichgewicht zu finden. Der Selbstwert muss trotz möglicher Angriffe und Grenzüberschreitungen geschützt werden. Wir versuchen, mögliche Gefahren zu vermeiden und uns angenehmen Dingen anzunähern.

Die Funktion von Störungen

Welche Funktionen können hinter Störungen stecken? Häufig bilden sie ein »Notgleichgewicht«, wenn es schwerfällt, bestimmte Grundbedürfnisse zu befriedigen, aber langfristig hilfreichere Bewältigungsstrategien nicht oder noch nicht zur Verfügung stehen. Können wir Symptome und Störungsbilder wie Angststörungen, Zwänge, Depression, anhaltende Schmerzen, Sucht, Essstörungen oder Persönlichkeitsstörungen als eine »Notlösung« verstehen? Lassen Sie uns einzelne Störungsbilder unter diesem Aspekt genauer betrachten und mit den Angststörungen beginnen.

Angststörungen – wenn das Vermeidungsverhalten überwiegt

Bei vielen Phobien empfindet der Betroffene Furcht vor einer bestimmten Situation. Beispiele für eine solche Phobie sind etwa

- die Agoraphobie, also die Angst vor öffentlichen Plätzen mit vielen Menschen (Kaufhäuser, öffentliche Verkehrsmittel, Menschenmengen),
- die Klaustrophobie, also die Angst vor engen Räumen, vor dem Eingeschlossensein (zum Beispiel im Fahrstuhl),
- die soziale Phobie, also die Angst, vor anderen zu sprechen oder in einer Gruppe zu sein, wo man angeschaut wird, sich blamieren und rot werden könnte,
- die Zahnarztphobie,
- die Spinnenphobie.

Die Reihe ließe sich unendlich fortsetzen. Im Gegensatz zu einer solchen Phobie ist die Panikstörung nicht an eine bestimmte Situation gebunden, auch wenn sie im Zusammenhang mit einer solchen auftreten kann. Von einer Agoraphobie Betroffene beispielsweise können in öffentlichen Situationen Panikattacken erlebt haben, die ihr Vermeidungsverhalten noch verstärken.

Was ist eine Panikattacke? Zunächst ist es eine heftige Stressreaktion. Auf körperlicher Ebene zeigen sich Symptome wie Herzrasen, Zittern, Schwindel, Schweißausbrüche, Gefühle von Auflösung oder Wegsacken der Beine. Die Atmung ist beschleunigt, oft kommt es zur Hyperventilation mit schneller flacher Atmung, vermehrter Abatmung von Kohlendioxid, was den Säure-Basen-Haushalt verschiebt und zu einer verkrampften »Pfötchenstellung« der Hände führen kann. Hier hilft die Rückatmung von Kohlendioxid über eine Plastiktüte, was allerdings erst gelernt und verstanden werden muss, weil die Betroffenen das Gefühl haben, keine Luft zu bekommen und mitunter Todesangst erleben. Diese Todesangst ist oft auch eine Folge des Herzrasens. Wenn das Herz rast und »verrücktspielt«, weckt das bei den Betroffenen oft die Angst, im nächsten Augenblick einen Herzinfarkt zu erleiden und tot umzufallen. Das Gefühl von Kontrollverlust wird noch verstärkt, wenn die Panikattacke scheinbar ohne Grund, wie aus heiterem Himmel, nicht selten aus der Ruhe heraus, auftritt. Betroffene leiden dann unter der Angst vor der Angst, die unberechenbar wieder zuschlagen kann.

Neben den Phobien und der Panikstörung gibt es noch die Generalisierte Angststörung, die zunächst am wenigsten fassbar erscheint. Oft wird diese nicht diagnostiziert, weil es kein konkretes Vermeidungsverhalten gibt und die Symptome nicht so unübersehbar sind wie bei einer Panikattacke. Betroffene Menschen leiden unter übermäßigen Sorgen: um die eigene Gesundheit und die der Angehörigen, um die Zukunft und um die Existenz. Sie haben Versagensängste, Angst vor allem, was ihnen nicht im wünschenswerten Maße kontrollierbar und berechenbar erscheint, wo es also darum gehen würde, auch Unsicherheit zu ertragen. Zugrunde liegt ein Mangel an Sicherheits- und Vertrauensgefühlen, die Angst überwiegt.

Zwänge kann man im erweiterten Sinne auch als Angststörung verstehen. Zwangshandlungen zeigen sich häufig in vermehrtem Kontrollieren (ob der Herd aus ist, die Türen verschlossen sind etc.), in übertrieben häufigem Waschen und Desinfizieren, dem das Gefühl zugrunde liegt, beschmutzt zu sein oder sich oder andere zu infizieren. Für manche Betroffene müssen Dinge stets in einer bestimmten Reihenfolge ablaufen, weil sie ihrer eigenen Wahrnehmung nicht trauen. Versucht man, die Zwangshandlungen zu unterlassen, tritt Angst auf, die sich ebenfalls bis zur Todesangst steigern kann. Dahinter können Zwangsgedanken stehen in Form von »magischem Denken«, dass etwas Katastrophales passiert, wenn man nicht mehr die Kontrolle hat.

Zwangsgedanken können auch sehr schambesetzte Inhalte haben (zum Beispiel Phantasien von Gewalt und Sex), sodass Betroffene es nicht wagen, sich jemandem anzuvertrauen. Die sich aufdrängenden Gedanken und Vorstellungen werden als Kontrollverlust erlebt, sind aber auch mit dem Erleben von Macht verbunden, was der sonst gefühlten Ohnmacht entgegensteht.

Bei den Angst- und Zwangsstörungen geht es um die Grundbedürfnisse Sicherheit, Kontrolle, Beziehung, Selbstwertschutz und Vermeidung von Bedrohung. Die Angst ist Ausdruck eines Bedrohungsgefühls. Um sich zu schützen, vermeidet man soweit möglich all das, was bedrohlich wirkt. Dadurch kommt es zu Einschränkungen in den Handlungsmöglichkeiten, der Aktionsradius wird immer enger. Es kommt nicht selten vor, dass Menschen mit einer Agoraphobie kaum noch ihre Wohnung verlassen und deshalb in der Versorgung abhängig von anderen werden. Wer unter Kontrollzwängen leidet, bindet oft andere Menschen als Rückversicherung in das Kontrollieren mit ein, weil er der eigenen Wahrnehmung nicht traut. Da das Verhalten kurzfristig zu einer Entlastung führt, Vermeidung Schutz bietet und Kontrolle die Angst reduziert, hat es die Tendenz, sich zu verstärken. Es werden keine neuen Erfahrungen gemacht, welche die Gefühle von Vertrauen und Sicherheit wirklich stärken, was ein Gegengewicht zur Angst darstellen würde.

Angst löst Stressreaktionen aus, was auch bei der generalisierten Angststörung zu einem erhöhten Anspannungsniveau führt und Kraft kostet. Angst bedeutet Enge, man fühlt sich gefangen im Denken, Fühlen und Handeln. Wir kennen das auch von Prüfungsängsten, wo ein »Blackout« verhindern kann, dass man auf Gelerntes zurückgreifen oder auf kreative Lösungen kommen kann. In einer Prüfungssituation bräuchte man ein mittleres Erregungsniveau und nicht die Übererregung wie in einer Notsituation. Entscheidend ist auch hier die Bewertung als Überforderung und die Angst vor Kontrollverlust und Versagen.

Was kann man bei Angststörungen tun, wenn sie sich nicht von alleine bessern?

Ziel ist die Befriedigung der Grundbedürfnisse nach Sicherheit, Orientierung, Kontrolle. Das müsste aber anders passieren als über Vermeidung oder zwanghaftes Kontrollieren. Zunächst ist natürlich eine gewisse äußere Sicherheit Voraussetzung, die Angst in einer realen Bedrohungssituation ist keine Angststörung. Wenn es bei den Angststörungen nicht um eine reale Bedrohung geht, spielen Bewertungen eine entscheidende Rolle: Befürchtungen, was passieren könnte, und der geringe Toleranzbereich, was das Aushalten von Unsicherheit betrifft.

Wie kann man lernen, Unsicherheit zu ertragen, Vertrauen in sich, in den eigenen Körper, in andere Menschen zu entwickeln?

Je mehr Angst man hat und je ausgeprägter das Vermeidungsverhalten, desto eher empfiehlt sich ein gestuftes Vorgehen, bei dem man Schritt für Schritt übt, was man vorher vermieden hat. Bei einer gelungenen Angstübung geht es nicht um eine Vorgehensweise nach dem Motto »Augen zu und durch«. Dabei würde man nichts lernen, sondern sich darin bestätigen, dass man es nicht aushalten kann, die Angst und die Situation bewusst wahrzunehmen. Eine Angstübung soll so kontrolliert ablaufen, dass man es noch bewusst aushalten kann. Wichtig ist die Erfahrung, dass die befürchtete Katastrophe nicht eingetreten ist, selbst wenn es stressig war und man danach erschöpft ist.

Am besten übt man zunächst eine klar umschriebene Situation. Bei einem Menschen, der an Agoraphobie leidet, kann das zum Beispiel in einer nicht allzu verkehrsreichen Zeit das Fahren von einer Station zur nächsten mit dem Bus sein. So es eine solche gibt, ist es günstig, wenn anfangs zur Unterstützung eine Vertrauensperson den Betroffenen begleitet. Dabei wird der Verlauf der Angstreaktion, die Angstkurve, beobachtet. Hat man die geplante Übung vor sich, wird die Angst ansteigen, wenn man sich in die Situation begibt. Wenn man verstanden hat, was bei der Stressreaktion im Körper abläuft, muss man nicht denken, der Körper spiele verrückt oder habe keine Kontrolle mehr. Damit kann man den sonst ablaufenden Teufelskreis aus Angst, Katastrophengedanken und Verstärkung der Stressreaktion unterbrechen. Wenn man bewusst in der Situation bleibt, kann man wahrnehmen, wie die Angst steigt, wie ab einem gewissen Punkt ein Plateau erreicht wird und die Erregung dann wieder abfällt. Auch eine Angstreaktion oder Panikattacke erschöpft sich. Macht man sich bewusst, dass die Angst noch in der Situation wieder nachlässt und man nicht tot umgefallen ist, nimmt man aus der Übung die Erfahrung mit, dass man es überstanden und ausgehalten hat.

Wiederholt man solche Übungen, verbreitert sich der Toleranzbereich, weil man Vertrauen in die Situation, in den Körper, in sich selbst entwickelt. So kann man die Übungen ausweiten, eine Hierarchie mit zunehmendem Schwierigkeitsgrad erarbeiten. Entscheidend ist, dass die Betroffenen selbst bestimmen, was sie üben wollen, was ihnen wichtig ist. Wenn man sich bei der Übung nicht überfordert, entwickelt man Selbstwirksamkeit und Kontrolle. Jede gelungene Angstübung ist ein Erfolgserlebnis, das stärkt.

Was kann man üben, wenn es sich nicht um eine an eine konkrete Situation gebundene Phobie, sondern um immer wieder, unter Umständen überraschend auftretende Panikattacken handelt? Der erste Schritt ist das Verstehen der ablaufenden Stressreaktion. Auch wenn der Auslöser nicht bekannt ist, handelt es sich um Reize – sei es um solche von außen, sei es um solche von innen –, die in irgendeiner Form als bedrohlich bewertet werden. Laufen Reiz und Reaktion über den schnellen Notfallweg ab, fehlt der bewusste Gesamtzusammenhang. Man kann im Nachhinein analysieren, welche Auslösereize wohl eine Panikattacke »getriggert« haben. Äußere Reize können sein: bestimmte Geräusche, Gerüche, Ähnlichkeiten von Personen, die an frühere Verletzungen erinnern. Innere Reize können Gefühle von Überforderung, Erschöpfung, Hilflosigkeit sein, aber auch Reize, die vom eigenen Körper ausgehen, wie Schwitzen, Übermüdung, Hunger oder Durst. Gerade, wenn es im Außen ruhig ist, wird man mehr mit den inneren Reizen konfrontiert, weil man nicht mehr so abgelenkt ist. Das erklärt, warum Panikattacken scheinbar »wie aus heiterem Himmel« und ohne erkennbaren Grund im Außen kommen.

Mit zunehmender Selbstbeobachtung und Selbstwahrnehmung kann man lernen, seine Gefühle und Körperempfindungen bewusster einzuordnen und in der Folge mehr Kontrolle erleben und sich leichter beruhigen. Das Vertrauen in den Körper wird gestärkt durch Bewegung, durch das Ausüben einer Sportart, die einem liegt und die man mag. Unter kontrollierten Bedingungen kann man erleben, wie sich Körperreaktionen verändern, wie flexibel der Körper sich verschiedenen Situationen anpasst, was man sich zumuten kann und wo die Grenzen sind. Das hilft auch bei der Selbstfürsorge.

Bei der sozialen Phobie geht es um neue Beziehungserfahrungen, bei denen nicht alte Verletzungen von früher auf jetzt übertragen werden. Es geht darum, Einfluss zu nehmen, je nachdem, wem man sich annähern möchte und von wem man sich lieber abgrenzt. Man kann lernen, aus einer Opferrolle in eine aktive Rolle zu kommen. Entwickelt man Vertrauen in Menschen, wird man nicht mehr so viel Angst haben müssen, gedemütigt und beschämt zu werden, sondern kann sich vielmehr von anderen angenommen fühlen und sich auch selbst so annehmen, wie man ist. Dann wird es auch nicht mehr so schlimm bewertet, wenn man aufgeregt ist, rot wird, den Faden verliert. Hilfreich kann die Rückmeldung von anderen sein, dass das jedem schon passiert ist. Das Bewusstsein, dass Dinge wie Aufgeregtheit und Nervosität menschlich sind, schafft Nähe.

Wer generalisierte Ängste hat, sich viele Sorgen um alles Mögliche macht, braucht ebenfalls neue Erfahrungen, die das Vertrauen stärken. Wichtig ist dabei die Überprüfung der inneren Haltungen, des eigenen Anspruches. Um ein Gegengewicht zur Angst zu schaffen, ist es gut, die Kraftquellen zu erschließen. Je mehr Vertrauen man entwickelt, desto eher kann man die Unsicherheiten des Lebens aushalten. Die Angst vor Krankheit und Tod soll ja nicht das Leben verhindern.

Depression – wenn es an Lebendigkeit mangelt

Es gibt viele mögliche Gründe, eine Depression zu entwickeln. Früher hat man unterschieden zwischen der endogenen Depression, bei der man die Ursache eher im Menschen selbst, in seiner Veranlagung und Persönlichkeit, vermutete, und der reaktiven Depression, mit der Betroffene auf äußere Belastungsfaktoren wie zum Beispiel Krankheit, Tod von Angehörigen, Arbeitsplatzverlust oder Kränkungen reagieren. Heute spricht man von depressiven Störungen, die man in die Schweregrade leicht, mittelgradig und schwer einteilt. Je nach Verlauf spricht man von einer depressiven Episode oder von einer rezidivierenden, das heißt wiederkehrenden, depressiven Störung. Auf psychiatrische Krankheitsbilder wie die manisch-depressive Störung gehe ich hier nicht näher ein.

Bei der Depression kann es zu starken Stimmungsschwankungen oder einer anhaltend gedrückten Stimmung bis hin zu Gefühlen von Hoffnungslosigkeit, Verzweiflung und Todessehnsucht kommen. Der Antrieb kann ebenfalls wechseln, ist meist reduziert. Alles macht Mühe, schon das morgendliche Aufstehen fällt schwer. Manche Betroffene sind eher umtriebig und motorisch unruhig. Das kann eine Form von Abwehr oder aber ein Ausdruck der ablaufenden Stressreaktion sein.

Bei einer schweren Depression ist die Alltagsbewältigung nicht mehr möglich, Betroffene ziehen sich sozial zurück, die Tagesstruktur kann verloren gehen, was auch Essen und Schlafen betrifft.

Meist reagiert der Körper mit, der Appetit kann gesteigert oder vermindert sein, was – je nachdem – Gewichtszunahme oder Gewichtsabnahme zur Folge hat. Der Schlaf ist nicht mehr erholsam. Es kann zu Ein- und Durchschlafstörungen, Albträumen, fehlender Muskelentspannung und ungewöhnlich frühem Aufwachen kommen. Andere Betroffene verspüren ein übermäßiges Schlafbedürfnis, ohne dass ihnen der Schlaf den entsprechenden Erholungseffekt beschert. Der Tag-Nacht-Rhythmus kann aufgehoben sein oder sich umkehren. Gedanken, nicht mehr leben zu wollen, sind häufig Teil des Krankheitsbildes. In diesen Fällen könnte es das Ziel sein herauszuarbeiten, dass jemand *so* nicht mehr weiterleben will, es aber Hoffnung auf eine Veränderung gibt.

Lassen Sie uns die Depression unter dem Aspekt nicht befriedigter Grundbedürfnisse betrachten, um so die Funktionen der einzelnen Symptome besser zu verstehen.

Wenn äußere und/oder innere Belastungsfaktoren als bedrohlich erlebt werden, kann das Grundbedürfnis nach Sicherheit, Orientierung und Kontrolle nicht gut befriedigt werden. Wenn man das Vertrauen in andere Menschen verloren hat und misstrauisch geworden ist, zieht man sich zurück, um nicht wieder enttäuscht und verletzt zu werden. Auch nach einem schweren Verlust kann es zum Rückzug kommen, erneute Bindungen werden womöglich aufgrund von Verlustängsten vermieden. Soziale Unterstützung bekommt man dadurch nicht. Wenn Menschen gelernt haben, dass Beziehungen nicht verlässlich, Bindungen unsicher sind, fällt es schwer, Hilfe zu erwarten und sich aktiv darum zu bemühen. Konkurrieren das Sicherheits- und das Bindungsbedürfnis miteinander, stehen im Zweifelsfall der Schutz und die Sicherheit an erster Stelle.

Das Bindungsbedürfnis ist deshalb natürlich nicht verschwunden. Vielleicht ist da die stille Erwartung, dass andere doch sehen müssten, wie schlecht es einem geht. Vielleicht meldet sich auch der Körper mit Beschwerden, die einen zum Arzt führen. Man kann sich auch einreden, dass man niemanden braucht. Der Gedanke, sich das Leben zu nehmen, kann wie die letzte Tür sein, wenn alle anderen Türen verschlossen scheinen.

Bei der Depression ist der Selbstwert fast immer betroffen, es überwiegen Selbstzweifel, Gefühle von Minderwertigkeit, Versagen und Schuld. Das steht im Widerspruch zum Grundbedürfnis des Selbstwertschutzes und der Selbstwerterhöhung. Wenn man Angst vor erneuten Verletzungen hat, dient der Rückzug dem Selbstwertschutz. Eine (Über-)Anpassung in sozialen Beziehungen kann eine ähnliche Funktion haben, hält aber langfristig die Depression aufrecht, weil man aus der Opferrolle nicht herauskommt und das Eigene zurückstellt. Auch die Bewertung, selbst schuld zu sein oder es nicht besser verdient zu haben, kann – so paradox es klingt – eine Art Notlösung sein: Wenn man selbst schuld ist, dann hätte man es ja anders machen können. Man fühlt sich dann nicht mehr so ausgeliefert und ohnmächtig. Schuldgefühle können eher ausgehalten werden als Gefühle der Ohnmacht.

Allerdings laufen diese Prozesse meist nicht bewusst ab. Wenn man Zustände gar nicht mehr aushält, spaltet man die Wahrnehmung dafür mehr oder weniger ab. Bei einer schweren Depression stellt sich ein Gefühl der Gefühllosigkeit ein, man hat kein Interesse mehr, keine Freude, es ist alles egal. Subjektiv nicht aushaltbare Gefühle wie Ohnmacht, Trauer oder Wut werden nicht mehr ins Bewusstsein gelassen. Betroffene fühlen sich wie versteinert, erstarrt oder eingefroren und leiden darunter. Wer sich nicht mehr mit seinen Gefühlen und Bedürfnissen wahrnimmt, kann auch nicht gut für sich sorgen.

Was hilft? Was ist besser als Notlösungen? Wie und wann kann man es zulassen, sich mit seinen Gefühlen und Empfindungen wieder mehr zu spüren? Wenn wir davon ausgehen, dass innere und äußere Faktoren Einfluss nehmen und diese auch nicht eindeutig voneinander abgegrenzt werden können, geht es zunächst darum, den Ist-Zustand im Gesamtzusammenhang besser zu verstehen. Folgende Reflexionsfragen können dabei helfen:

Wie ist die aktuelle Lebenssituation?
Was sind Belastungsfaktoren?
Wie denke ich über mich und meine Situation?
Welche Gefühle sind damit verbunden?
Was geht noch?
Was hat bisher geholfen?
Fehlt es an Kraft, weil die Erschöpfung so ausgeprägt ist?
Fehlt es an Mut, weil die Angst zu groß ist, die Orientierung fehlt, wie es weitergehen soll?
Was braucht der Körper?

Nach dem Prinzip der kleinen Schritte geht es darum, für Körper und Seele zu sorgen. Das beginnt mit einer Tagesstruktur, orientiert zum Beispiel an den Mahlzeiten. Bei einer schweren Depression ist meist professionelle Hilfe notwendig. Äußere Sicherheit und soziale Unterstützung sind wesentliche Wirkfaktoren. Innere Haltungen und Bewertungen, die verhindern, dass jemand Mitgefühl für sich selbst entwickelt, müssen identifiziert und hinterfragt werden.

Als positive Verstärker wirken Erfolgserlebnisse. Dabei geht es um kleine Ziele, die erreicht werden können. Auch wenn die Gefühle hinterherhinken, die Freude sich nicht auf Knopfdruck einstellt, ist es gut, ins Handeln zu kommen, heraus aus der Hilflosigkeit.

In der Depressionsbehandlung gibt es zwei wichtige Pfeiler. Zum einen ist es wichtig, dass dysfunktionale Kognitionen umstrukturiert werden, dass der Betroffene also hilfreiche innere Haltungen entwickelt. Zum anderen kann der Aufbau positiver Aktivitäten helfen, die das Belohnungssystem aktivieren und zur verstärkten Ausschüttung von körpereigenen Botenstoffen (Neurotransmittern) führen, die antidepressiv wirken. Körperliche Bewegung ist ein natürliches Antidepressivum und hilft auch bei der Stressregulation. Wie bei den Angststörungen gilt für die depressiven Störungen, dass das übergeordnete Ziel die Befriedigung körperlicher und seelischer Grundbedürfnisse ist. Es braucht Zeit und Raum, sich mit seinem Leben und den noch nicht bewältigten Erfahrungen auseinanderzusetzen und eine Zukunftsperspektive zu finden.

Anhaltende Schmerzen – wenn Körper und Seele leiden

Man unterscheidet akute und chronische Schmerzen. Je nach Art der Schmerzen ist eine unterschiedliche Behandlung angebracht. Jeder von uns kennt akute Schmerzen. Hier hilft meist ein klassisches Schmerzmittel (zum Beispiel bei Kopf- oder Rückenschmerzen) oder Entspannung. Von Schmerzstörungen spricht man, wenn es kaum noch schmerzfreie Phasen gibt, wenn der Schmerz sich verselbstständigt hat und sich rein körperlich nicht erklären lässt. Somatoforme Schmerzstörungen bezeichnen den Schmerz im Körper (»soma« ist das griechische Wort für Körper), der sich aus vielen Faktoren zusammensetzt. Das können Muskelverspannungen sein oder auch Erinnerungen an frühere Schmerzen, die im Gehirn abgespeichert sind und aktiviert werden. Wie der Schmerz im Einzelfall wahrgenommen wird, ist abhängig von der individuellen Bewertung: Wie ist mein Bild von Krankheit? Welche Gefühle habe ich bezogen auf den Schmerz?

Seelischer Schmerz kann, auch wenn es keine direkte körperliche Ursache gibt, dennoch über den Körper erlebt werden. So wie man bei der Depression die Trennung zwischen inneren und äußeren Ursachen aufgegeben hat, werden körperlicher und seelischer Schmerz nicht mehr unterschieden, sondern im Gesamtzusammenhang betrachtet. Aus diesem Verständnis hat sich die Psychosomatische Medizin entwickelt. Die Schmerzwahrnehmung erfolgt im Gehirn. Vielleicht kennen Sie den Begriff des Phantomschmerzes: Wurde zum Beispiel ein Unterschenkel amputiert, kann der Amputierte auch nach der Operation noch Schmerzen in dem nicht mehr vorhandenen Körperteil haben, weil entsprechende Netzwerke im Gehirn die Schmerzerinnerung speichern.

Krankheitsmodelle können somatisch geprägt sein, sodass man ausschließlich nach einer körperlichen Ursache sucht. Findet man keine Erklärung, wird Menschen mit Schmerzen womöglich zurückgemeldet: »Sie haben nichts.« Das bedeutet aber nicht, dass man sich die Schmerzen einbildet. Im Gehirn werden körperliche und seelische Schmerzen kaum unterschieden.

In die Schmerzwahrnehmung fließt ein, ob man sich dem Schmerz ausgeliefert fühlt oder ob man Bewältigungsmöglichkeiten hat. Wer unter Ängsten oder depressiven Verstimmungen leidet, hat meist eine erhöhte Schmerzwahrnehmung, was wiederum Angst und Depression verstärken kann, sodass es zu einem Teufelskreis aus negativen Gedanken, Gefühlen und Reaktionen kommt. Stellen Sie sich vor, Sie leiden anhaltend unter Schmerzen und keines der Mittel, die bei akuten Schmerzen sonst Linderung schaffen, hilft so richtig. Der Schmerz an sich bedeutet Stress. Dieser wird durch Bewertungen wie »Ich kann nichts machen. Ich bin ausgeliefert. Ich halte es nicht mehr aus« noch verstärkt. Eine Stressreaktion geht mit einer erhöhten Muskelanspannung einher, die wiederum zu Verspannungen und Schmerzen führen kann. Nimmt man eine Schonhaltung ein, kommt es zu Fehlbelastungen, die den Teufelskreis aufrechterhalten können.

Welche Funktion haben Schmerzen? Ursprünglich haben Schmerzen Signalfunktion und dienen so dem Schutz. Weltweit gibt es einige wenige Menschen mit einem Gendefekt, die keine Schmerzen wahrnehmen. In der Folge dieses Ausfalls der Warnfunktion erleiden die Betroffenen viele Verletzungen, bis hin zu bleibenden Behinderungen. Sind Nerven geschädigt, zum Beispiel als Langzeitfolge einer Diabeteserkrankung, verletzen sich Betroffene beispielsweise an den Füßen durch Stoßen und Druckstellen, spüren aber nichts, selbst wenn das Gewebe abstirbt.

Bei anhaltenden Schmerzen können dahinterstehende Funktionen sehr komplex sein. Körperliche Schädigungen und Erkrankungen können durchaus zu chronischen Schmerzen führen, wenn zum Beispiel degenerative oder entzündliche Veränderungen über Nerven und Hormone Schmerzen weiterleiten bis zum Gehirn. Somatoforme Schmerzstörungen beziehen sich auf Körperschmerzen, aber Einflüsse auf die Schmerzwahrnehmung und das Schmerzgedächtnis spielen dennoch eine wesentliche Rolle. Musste jemand früher körperliche Schmerzen erleiden, zum Beispiel durch Operationen, Erkrankungen oder auch körperliche Gewalt, können diese als Schmerzerinnerungen abgespeichert sein. Der bewusste Zugang ist dabei nicht immer verfügbar. Wie bei anderen Erinnerungen kann eine Aktivierung entsprechender Netzwerke im Gehirn zu heftigen Körperschmerzen führen, für die es in der Gegenwart zunächst keine Erklärung gibt.

Man bildet sich den Schmerz einer Körpererinnerung nicht ein! Es war bereits von dem »heißen Gedächtnis« über die Mandelkerne die Rede, wo insbesondere das Erleben von Gefühlen, Bildern und Körperempfindungen gespeichert ist. Wie die Angstreaktionen haben Körpererinnerungen eine Warnfunktion, um auf eine (frühere) Gefahr hinzuweisen, vor der man sich jetzt und in Zukunft schützen muss. Sind entsprechende Vorerfahrungen noch nicht regelrecht verarbeitet, können sie nicht im Gesamtzusammenhang verstanden werden. Was nicht bewusst ist, ist schwer beeinflussbar. Verarbeitung hat das Ziel, Situationen, Vorerfahrungen, Gedanken, Gefühle und Reaktionen bewusster zu machen und zu verstehen, um Einfluss nehmen zu können.

Insbesondere Menschen, die lernen mussten, nicht Aushaltbares abzuspalten, nehmen ihren Körper kaum noch wahr, außer über Schmerzen. »Wenn ich meine Migräne nicht hätte, würde ich mich gar nicht spüren«, ist ein Satz, wie er in solchen Fällen häufig zu hören ist. Selbstverletzendes Verhalten, zum Beispiel Schneiden,

Ritzen oder Brennen, kann die Funktion haben, sich über den Schmerz zu spüren. Wer häufig über seine Grenzen geht und bei großer Leistungsorientierung sehr unter Druck steht, wird durch Schmerzen womöglich gezwungen, nicht in dieser Weise fortzufahren. Der Schmerz setzt die Grenze, wo man sich zuvor nicht wahrgenommen und auch nicht gut für sich gesorgt hat. Auch in Beziehungen kann Schmerz eine Funktion haben: Wer leidet, bekommt vielleicht eher Unterstützung und Entlastung. Mit körperlichen Schmerzen sucht sich jemand leichter Hilfe, muss Stigmatisierung nicht so fürchten.

Manche Menschen halten an einem körperlich ausgerichteten Krankheitsmodell fest, weil sie das eher mit ihrem Selbstbild vereinbaren können. Den Körper betrachten sie wie ein Auto, das in der Werkstatt wieder auf Vordermann gebracht wird. Die Werkstatt ist das Medizinsystem, Operationen sind die Reparaturmaßnahmen. Ein psychosomatisches Krankheitsmodell berücksichtigt Vorerfahrungen, Bewertungen und Bewältigungsmöglichkeiten, bringt Menschen aber auch in Kontakt mit erlebtem Leid. Ziel ist, das Leid zu lindern, sich um die seelischen und körperlichen Wunden zu kümmern, Mitgefühl für sich selbst zu entwickeln und eine gute Selbstfürsorge aufzubauen. Das setzt aber voraus, dass man sich dem seelischen Schmerz zuwendet. Vielleicht ist der körperliche Schmerz leichter aushaltbar als der seelische Schmerz. Wenn man die Vorstellung hat, dass eine Operation den Schmerz beseitigt, wird man daran festhalten. Wir wissen aber, dass Operationen oft nicht das richtige Heilmittel sind, vor allem dann nicht, wenn der Schmerz andere Ursachen hat, wie es bei somatoformen Schmerzstörungen der Fall ist. Es gibt Menschen, die durch viele Operationen körperliche Schäden davongetragen haben, die das zuvor schon bestandene Leid vergrößern.

Der zunächst aufwendigere Weg, Schmerzen mit ihren Funktionen zu verstehen, lohnt sich, um langfristig das Leid zu lindern. Wer sich, seinen Körper und seine Grenzen gut wahrnehmen lernt, kann herausfinden, was Schmerzen bessert oder verschlechtert. Die Behandlung anhaltender Schmerzstörungen schließt den Körper immer mit ein, es geht um körperliche und seelische Selbstfürsorge und damit um die Befriedigung der Grundbedürfnisse.

Sucht – was wird gesucht, was wird vermieden?

Der Begriff Sucht kann eine körperliche und/oder seelische Abhängigkeit von einer Substanz (zum Beispiel Alkohol, Drogen, Medikamente, Nikotin) oder aber bestimmten Verhaltensweisen (zum Beispiel Spielsucht, Kaufsucht, Computersucht) meinen. Es kommt zur Toleranzentwicklung, das heißt, das Ausmaß nimmt zu, weil die Wirkung bei gleichbleibender Dosis nachlässt. Fehlt das Suchtmittel, entsteht Suchtdruck (»Craving«) beziehungsweise eine Entzugssymptomatik (zum Beispiel Blutdruckerhöhung, schneller Herz- und Pulsschlag, Zittern, Schweißausbrüche, Ängste), die körperliche oder seelische Gründe haben kann. Andere Aktivitäten werden zugunsten des Suchtmittels vernachlässigt, was erhebliche soziale und existentielle Auswirkungen haben kann.

Wie entwickelt sich eine Sucht? Verhaltensweisen werden verstärkt, wenn sie das Belohnungssystem im Gehirn mit einer entsprechenden positiven Hormonwirkung im Körper aktivieren. Das kann der »Adrenalin-Kick« sein, wenn man Risiken eingeht und das Abenteuer sucht, oder das Erfolgserlebnis, wenn etwas gelingt oder etwas Befürchtetes nicht eintritt. Verstärkend wirken beide Seiten: Das Herbeiführen eines positiven und das Vermeiden eines negativen Erlebens. Je nach Vorerfahrungen nähert man sich an Angenehmes an und vermeidet Bedrohliches. Der Konsum von Drogen reicht in der Menschheitsgeschichte weit zurück. Dabei war es oft Zufall, dass man die Wirkung eines Stoffes aus der Natur entdeckt hat. Nach einer positiven Erfahrung führte man dann die Einnahme gezielt und wiederholt herbei.

Zunächst überwiegen die kurzfristig positiven Konsequenzen, die langfristig negativen Folgen kommen erst später, wenn die Abhängigkeit besteht. Neben dem euphorisierenden oder entspannenden Aspekt des Suchtmittels kann das Suchtpotential erhöht werden, wenn dadurch gleichzeitig aversiv erlebte Zustände vermieden werden (zum Beispiel Angstreduktion, Schmerzbetäubung). So, wie es ein Schmerzgedächtnis gibt, kann sich auch ein Suchtgedächtnis entwickeln. Alkoholabhängige, die eine Abstinenz erreichen, bezeichnen sich selbst als »trockene Alkoholiker«, wenn sie sich mit dem Wesen einer Suchterkrankung auseinandergesetzt haben. Nicht selten besuchen sie über Jahre Selbsthilfegruppen, um sich vor der Rückfallgefahr zu schützen. Betroffene haben in ihrem Gehirn abgespeichert, dass das Suchtmittel in schwierigen Lebenssituationen zur kurzfristigen Entlastung geführt und eine belohnende Wirkung gehabt hat. Werden sie erneut mit entsprechenden Reizen konfrontiert (zum Beispiel Stress, Feiern mit Alkohol, sozialer Druck mit dem Wunsch dazuzugehören), wird das Suchtgedächtnis aktiviert und es kommt zum Suchtdruck, dem heftigen Verlangen nach dem Suchtmittel. Hinzu kommt natürlich, dass sich Entzugssymptome bessern, wenn man das Suchtmittel wieder einsetzt.

Es ist ein seelisches Grundbedürfnis, sich anzunähern an Dinge, die ein Wohlgefühl bereiten, und sich fernzuhalten von Dingen, die unangenehm oder bedrohlich sind. In Bezug auf Suchtverhalten ist das eine richtige Falle, in die man tappen kann, wenn man nicht auf bewusster Ebene die langfristigen Konsequenzen berücksichtigt. Hinzu kommt eine mögliche genetische Veranlagung, die eine Suchtentwicklung begünstigen kann. Wenn Menschen sich erstmals betrinken und danach einen »Riesenkater« haben, kann das vor erneutem Konsum schützen. Überwiegen die positiven Wirkungen, greift man erneut zum Suchtmittel.

Menschen unterscheiden sich, wenn es um die Verträglichkeit zum Beispiel von Alkohol geht: Manche merken die Wirkung schon nach einem Glas Wein und können aufhören, bevor es aversiv wird. Es gibt aber auch Menschen, die merken erst nach größeren Mengen die Wirkungen des Alkohols. Sie sind diejenigen, die viel vertragen und gerade deshalb besonders suchtgefährdet sind.

Welche Funktionen kann Suchtverhalten haben? Wenn es um die kurzfristige Bedürfnisbefriedigung geht (Lustgewinn und Unlustvermeidung) sind Suchtmittel, seien sie stoff- oder verhaltensgebunden, ein schneller Weg, den man durch Wiederholung zur »Autobahn« im Gehirn mit dichten Reiz-Reaktionsverknüpfungen machen kann. Ziel ist aber, dass es einem langfristig besser gehen kann, indem man Strategien zur Bedürfnisbefriedigung entwickelt, die nicht schaden, nicht abhängig machen. Lustgewinn und Unlustvermeidung sind nicht die einzigen Grundbedürfnisse, die Menschen haben. Man benötigt auch Kontrolle, Orientierung, Bindung, den Schutz und die Erhöhung des Selbstwertes. Der Körper braucht eine gute Selbstfürsorge und muss in seinen Bedürfnissen wahrgenommen werden, um nicht Schaden zu nehmen.

Die kurzfristigen Wirkungen einer Sucht sind zunächst durch die langfristigen Strategien nicht zu überbieten, insbesondere wenn diese nicht zur Verfügung stehen, nicht gelernt und geübt wurden. Menschen, die kein Vertrauen in sich und andere entwickeln konnten, die die Hoffnung auf ein besseres Leben aufgegeben haben, die von traumatischen Erfahrungen der Vergangenheit auch in der Gegenwart immer wieder eingeholt werden – sie wissen womöglich nicht, was es bedeutet, sich zugehörig zu fühlen, Fähigkeiten zu entwickeln, und warum es sich lohnt, sich anzustrengen. Erlebt man die Welt als feindselig und sich selbst als gescheitert, als Versager, bietet das Suchtverhalten Schutz und Trost.

Was könnte Motivation sein, Wege aus der Sucht zu suchen? Es kann der Leidensdruck durch die längerfristig negativen Folgen sein, wenn Partner sich trennen, der Arbeitsplatz verloren geht, der Körper viele Beschwerden zeigt. Vielleicht realisiert man erst, wenn man vor dem Nichts steht, dass man sich entscheiden muss. Besser ist, wenn es zuvor positive Gründe gibt, die Mühe auf sich zu nehmen: ein liebevoller Partner, unterstützende Freunde, die Möglichkeit, sich durch eine Suchtbehandlung in der Gesellschaft integriert zu fühlen. Wenn man nichts mehr zu verlieren hat, kann man sich vor Augen führen, was zu gewinnen ist: körperliche Stabilisierung, soziale Unterstützung, Verbesserung des Selbstwertgefühls, Kontrollerleben und Selbstwirksamkeit. Der Austausch mit Menschen, die es geschafft haben beziehungsweise mit Rückfällen umgehen können, ist dabei nicht zu unterschätzen. Letztendlich geht es um Strategien, die langfristig die körperlichen und seelischen Grundbedürfnisse befriedigen.

Essstörungen – wenn Körper und Seele nicht satt werden

Die Nahrungsaufnahme gehört zu den körperlichen Grundbedürfnissen. In unserer zivilisierten Gesellschaft besteht eher ein Überangebot, keiner muss hungern. Wie ist unser Umgang damit, dass Essen Tag und Nacht unabhängig von festen Mahlzeiten zur Verfügung steht? Spüren Sie einmal der Frage nach, wie Sie selbst mit dem Essen umgehen:

> Wie geht es Ihnen, wenn Sie vor einem großen Buffet stehen?
> Können Sie eine Auswahl treffen?
> Sagt Ihnen Ihr Körper, was er möchte, oder regeln Sie das eher über den Verstand?
> Haben Sie Leidensdruck in Bezug auf das Essen?

Werden Sie körperlich und seelisch satt?
Sind Sie zufrieden mit Ihrem Körper, haben Sie Ihr Wohlfühlgewicht?

Neben der Überlebensfunktion kann Essen noch andere Bedürfnisse befriedigen: Lustgewinn, Frustvermeidung, Beruhigung, Trost, Ventil zur Druckentlastung. Auch das Gewicht kann bestimmte Funktionen erfüllen.

Es gab Zeiten, da verband man Übergewicht mit Wohlstand und Stärke. Während das Volk häufig hungerte, war es ein Privileg der Reichen, aus der Fülle zu schöpfen. Heute ist Übergewicht eine Zivilisationskrankheit, die statistisch gesehen eher den ärmeren Teil der Bevölkerung betrifft. Bewertungen in Bezug auf das Gewicht haben sich verändert. Die meisten Menschen mit Übergewicht würden gerne abnehmen, schlanker sein, das ist die bewusste Ebene. Übergewicht kann allerdings auch die Funktion eines »Schutzpanzers« haben, beispielsweise nach erlebten (insbesondere sexuellen) Grenzüberschreitungen. Eine Gewichtsabnahme kann dann zu Ängsten führen, weil die unbewusste Schutzfunktion bedroht ist.

Untergewicht kann hingegen die Funktion haben, den Körper weniger zu spüren. Das schließt auch sexuelle Bedürfnisse und Regungen, die möglicherweise als konflikthaft erlebt werden, mit ein. Magersüchtige Frauen wehren nicht selten ihre Weiblichkeit ab, ihr Körper bleibt kindlich. Untergewicht führt zu vielen hormonellen Veränderungen (zum Beispiel zum Ausbleiben der Regelblutung) und setzt den Körper, der mit dem Mangel zurechtkommen muss, unter anhaltenden Stress. Wer seine Existenzberechtigung und seinen Selbstwert infrage stellt, richtet die Aggression nicht selten gegen den eigenen Körper.

Bei der Magersucht findet man häufig einen Autonomie-Abhängigkeitskonflikt. Den Körper über das Essen und das Gewicht kontrollieren zu können, verursacht ein Gefühl von Autonomie insbesondere bei Heranwachsenden, die sich noch in der Abhängigkeit familiärer Beziehungen befinden. In Bezug auf den Selbstwert kann die Erfüllung eines Schlankheitsideals zu einer Erhöhung führen. Es besteht oft eine starke Leistungsorientierung, die Messlatte wird immer höher gesetzt: Die Betroffenen versuchen, möglichst viel Kalorien durch Sport wieder abzutrainieren, Essen und Gewicht werden immer weiter reduziert. Die Wahrnehmung des eigenen

Körpers ist dabei verzerrt. Trotz objektiven Untergewichtes fühlen sich Magersüchtige zu dick.

Die Angst vor Gewichtszunahme kann viele Ursachen haben. Man könnte den Körper wieder mehr spüren, was möglicherweise aversiv ist (zum Beispiel nach Erfahrungen von sexueller Gewalt). Die Funktionen, die das Dünnsein erfüllt, würden wegfallen. Lehnt man den erwachsenen Körper und die Sexualität ab, müsste man sich der eigenen Verantwortung mehr stellen. Man müsste andere Formen der Kontrolle finden als über Essen und Gewicht. Bei einem Autonomie-Abhängigkeitskonflikt könnte es um einen Ablösungsprozess gehen, der aber auch die Übernahme von Eigenverantwortung beinhaltet. Man dürfte den Selbstwert nicht mehr vom Gewicht abhängig machen, sondern müsste andere Wege finden, sich selbst anzunehmen. Statt sich zu kasteien, würde es um eine liebevolle Selbstfürsorge gehen, was voraussetzt, dass hinderliche innere Bewertungen bewusst verändert werden. Wenn Menschen aus Frust, Langeweile, Einsamkeit essen, geht es darum, die wirklichen Bedürfnisse zu erkennen und neue Strategien zur Befriedigung zu entwickeln.

Wem die Wahrnehmung von Hunger und Sättigung verloren gegangen ist, der kann diese durch Achtsamkeit wieder lernen. Allerdings braucht das Zeit, Übung und Geduld. Ziel ist es, sich dem Körpergefühl wieder anzunähern, statt es zu vermeiden. Bei Übergewicht ist der Schlüssel zur Gewichtsabnahme nicht die Diät, sondern regelmäßiges Essen und körperliche Bewegung. Situationen, in denen es zu Heißhungerattacken kommt, müsste man genauer betrachten, um herauszufinden, welche Gedanken und Gefühle eine Rolle spielen, wie stark der Stress ist.

Funktionen von Störungen sind individuell und können beim gleichen Menschen je nach Situation auch unterschiedlich sein. Spätestens wenn der Leidensdruck hoch ist, sollte man sich Raum und Zeit nehmen, um sich und sein Verhalten besser zu verstehen. Dabei geht es nicht um eine Selbstverurteilung, sondern um die Entwicklung von Mitgefühl für sich selbst, das Erkennen der wirklichen Bedürfnisse und die Befriedigung über auch langfristig hilfreiche Strategien.

Persönlichkeitsstörungen – angeboren oder erworben?

Der Begriff »Persönlichkeitsstörung« ist ein Konstrukt – wie jede Diagnose und Definition einer Störung. Damit bezeichnet wird ein relativ überdauerndes Muster von Eigenschaften, die bei Betroffenen zu Leidensdruck und zu Beziehungskonflikten führen. Um welche Themen geht es bei den Persönlichkeitsstörungen? Betroffen sind Bindung, Selbstwert, Gefühlsregulation. Es gibt die antisoziale, die abhängige, die zwanghafte, die histrionische und die narzisstische Persönlichkeitsstörung. Mit am bekanntesten ist die Borderline-Persönlichkeitsstörung, die noch unterschieden wird in den impulsiven und den emotional-instabilen Typus. Auf diese Formen von Persönlichkeitsstörungen soll im Folgenden näher eingegangen werden.

Die *antisoziale Persönlichkeit* tritt eher durch kriminelle Handlungen in Erscheinung, Betroffene suchen meist selbst keine Hilfe. Das Temperament eines Menschen versteht man als angeboren, die Entwicklung der Persönlichkeit ist im Wechselspiel mit der Umwelt und den sozialen Beziehungserfahrungen zu sehen.

Ein Kind ist in der Bindung an die Bezugspersonen abhängig und wird mit jedem Entwicklungsschritt autonomer, bis es im Erwachsenenalter für sich selbst Verantwortung übernehmen kann. Bei einer *abhängigen Persönlichkeit* ist die regelrechte Autonomieentwicklung gestört. Es sind nicht ausreichend Gefühle von Sicherheit und Selbstvertrauen vorhanden, aufgrund der übermäßigen Abhängigkeit leiden Betroffene unter Verlustängsten.

Menschen mit einer *zwanghaften Persönlichkeit* benötigen viel Kontrolle. Sie wirken rigide, wenig flexibel, aber auch perfektionistisch, es fehlt an Lebendigkeit. Anders als bei den Zwangsstörungen, die als ich-fremd erlebt werden, nehmen Menschen mit zwanghafter Persönlichkeit entsprechende Züge als zu sich gehörig wahr. Nicht selten entsteht der Leidensdruck erst in den sozialen Beziehungen und betrifft auch die Mitmenschen.

Menschen mit *histrionischen Persönlichkeitszügen* wirken in ihrem Auftreten theatralisch. Sie agieren dramatisch und stehen dadurch häufig im Mittelpunkt. Alles dreht sich um sie, was den Selbstwert erhöhen kann. Der Wunsch, gesehen zu werden, kann aus einem Mangelgefühl heraus entstehen. In Beziehungen bekommen Betroffene zwar Aufmerksamkeit, werden in ihren Bedürfnissen aber womöglich nicht gewürdigt und ernst genommen. Andere reagieren vielleicht sogar genervt und wenden sich emotional ab.

Bei der *narzisstischen Persönlichkeitsstörung* geht es um eine Selbstwertthematik, Betroffene fühlen sich einerseits minderwertig, bauen andererseits ein Größenselbst auf. Sie brauchen für die Selbstwertregulation die Anerkennung und Bewunderung anderer, was sie abhängig und besonders kränkbar macht. Jeder Mensch möchte um seiner selbst willen geliebt und angenommen werden, ohne dass es dabei um eine Überhöhung oder Bewunderung geht.

Es gibt Formen von emotionalem Missbrauch, die sehr subtil wirken. Wenn ein Kind erlebt, dass es einer bestimmten Rolle oder einem Bild entsprechen soll, kann sich eine Art »falsches Selbst« entwickeln. Es verhält sich dann so, dass es gefällt. Das dient dem Selbstwertschutz und der Selbstwerterhöhung. Als Verletzung im innersten Kern bleibt das Gefühl, dass das wahre Ich nicht geliebt werden kann. Aus dem Mangel entsteht die Abhängigkeit von der Anerkennung anderer. Die eigene Identitätsentwicklung leidet darunter, sodass es zu einer Selbstentfremdung kommt bzw. das »wahre Selbst« erst gar nicht entwickelt wird.

Narzisstische Kränkungen betreffen das Selbstwertgefühl. Jeder kennt solche Verletzungen, hat zum Beispiel einmal mangelnde Anerkennung erfahren, ist ignoriert oder ausgegrenzt worden. Menschen mit einer narzisstischen Persönlichkeitsstörung sind aufgrund der Abhängigkeit von der Anerkennung in einem Maß kränkbar, das die Selbstwertregulation schwierig macht. Durch Entwertung anderer wird versucht, den eigenen Selbstwert zu erhöhen, was zu Konflikten in Beziehungen führt, die oft nicht auflösbar sind. Die Chance liegt in neuen Beziehungserfahrungen, in denen sie ihre wahre Identität und ein gesundes Selbstwertgefühl entwickeln können. Wer sich selbst annehmen kann und wertschätzt, ist nicht mehr so abhängig von der Bewunderung anderer und muss sich auch selbst nicht ständig etwas beweisen.

Bei der *Borderline-Störung* ist die Gefühlsregulation schwierig. Betroffene reagieren impulsiv oder sind emotional instabil. Zugrunde kann eine Bindungsstörung liegen, bei einem hohen Prozentsatz findet man Traumatisierungen in Kindheit und Jugend. »Borderline« heißt Grenze, die Störung bezeichnet Grenzgänger, die man früher zwischen Neurose und Psychose einordnete. Auffallend ist das Beziehungsmuster, das zwischen den Polen Idealisierung und Entwertung schwanken kann. Betroffene suchen intensive Nähe, können das Alleinsein schlecht ertragen. Gleichzeitig haben sie Verlustängste. Aus Angst, verlassen zu werden, schaffen sie selbst plötzlich Distanz, brechen Beziehungen ab, entwerten das Gegenüber, das vorher noch idealisiert wurde. Gefühle von Wut, Trauer, Angst oder innerer Leere können sich in impulsiven Verhaltensweisen entladen, die oft selbstschädigend sind.

Ein Kind ist bei der Gefühlsregulation auf Bezugspersonen angewiesen, es braucht Modelle dafür, wie es beruhigt und getröstet wird, Wut abreagieren kann. Wird das nicht gelernt, suchen sich die Gefühle andere Wege der Druckentlastung. Die Angst vor dem Alleinsein und der inneren Leere zeigt einen Mangel an Vertrauen, Selbstwahrnehmung und Selbstwirksamkeit. Oft besteht ein negatives Selbstbild mit autoaggressivem Verhalten. Eingesetzte Strategien befriedigen die Grundbedürfnisse nur kurzfristig bei langfristig negativen Konsequenzen. Zentrales Element einer Behandlung und Weiterentwicklung ist die Gefühlsregulation, die gelernt werden muss. Wie kann man mit Wut umgehen, ohne sie gegen sich selbst oder andere zu richten? Was gibt Sicherheit und Vertrauen? Was beruhigt und tröstet? In Beziehungen geht es um eine differenzierte Wahrnehmung statt um die Aufspaltung in Gut und Böse, Schwarz und Weiß. Bei Enttäuschungen ist die Erhöhung der Frustrationstoleranz ein Ziel, bei Verlustängsten die Entwicklung von mehr Vertrauen. Stabilisierend sind langfristige und konstruktive Strategien zur Befriedigung der Grundbedürfnisse.

Traumafolgestörungen – wie zeigen sich Verletzungen?

Erst in den letzten Jahrzehnten hat man sich intensiver mit Traumafolgestörungen beschäftigt, obwohl schon immer Menschen unter Traumata gelitten haben. Ende des 19. Jahrhunderts beschrieb Pierre Janet bereits dissoziative Phänomene als Desintegration von Wahrnehmung, Bewusstsein und Gedächtnis. Im Zuge der Industrialisierung und der Verbreitung durch die Nachrichtentechnik gab es in der Geschichte der Psychotraumatologie eine erste Bewegung, Eisenbahnunfälle rückten in den Fokus. Im Zusammenhang mit dem Vietnamkrieg erforschte man die Symptomatik genauer, die vorher gesunde junge Männer in der Folge entwickelten, und definierte die Kriterien der Posttraumatischen Belastungsstörung. Die Frauenbewegung in den 70er- und 80er-Jahren des 20. Jahrhunderts brachte eine dritte Bewegung in Gang: das Bewusstsein für familiäre und sexuelle Gewalt. Man kann sich fragen, warum es so lange gedauert hat, bis man sich dem Thema angenähert hat, dass der Mensch verwundbar ist.

Zur Zeit des Ersten Weltkrieges sprach man von den »Kriegszitterern«, die man noch mit Elektroschocks behandelte, um ihnen das Zittern auszutreiben. Man war der Meinung, dass solche Folgen nur Schwache betreffen würden, dass ein gesunder und starker Mensch nicht verletzbar sei. Nach dem Holocaust wurde die Frage gestellt, wie viel Leid ein Mensch ertragen können müsse, um noch als gesund zu gelten. Was aushaltbar ist, hängt von vielen Faktoren ab. Wenn es keinerlei Hoffnung und Vertrauen mehr gibt, kann man jeden Menschen brechen.

Die Definition der Posttraumatischen Belastungsstörung beschreibt drei Kriterien, die als Folge eines vorausgegangenen traumatischen Ereignisses erfüllt sein müssen:

Das erste dieser Kriterien ist das *Wiedererleben.* Erinnerungszustände können in Form von Bildern, Gefühlen, Körperreaktionen oder Albträumen hochkommen. Dafür können kleine Auslösereize reichen, die eine Ähnlichkeit mit dem Trauma haben und Teil des »Traumanetzwerkes« im Gehirn sind. Anders als bei einer »normalen« Erinnerung an etwas Vergangenes verschiebt sich beim Wiedererleben die Zeitachse: Obwohl es real vorbei ist, ist das Erleben, als wäre es jetzt.

Das zweite Kriterium steht in engem Zusammenhang mit dem ersten: Um sich vor überflutenden Wiedererlebenszuständen zu schützen, versucht man, Auslöser für Erinnerungen möglichst zu vermeiden, was nur bedingt möglich ist. Trotzdem ist das *Vermeidungsverhalten* der Versuch sich zu schützen, wie wir es von den Angststörungen kennen. Vermieden werden oft äußere Reize und Situationen, die schwer kontrollierbar sind, zum Beispiel der Aufenthalt in großen Menschenmengen oder das Eingeschlossensein. Auf keinen Fall möchte man sich wieder ausgeliefert und ohnmächtig fühlen. Es gibt aber auch eine Vermeidung innerer Reize (zum Beispiel den Körper und die Gefühle spüren), was dazu führen kann, dass traumatisierte Menschen sich ständig ablenken, überaktiv sind bis zur Erschöpfung, um nicht mit sich selbst, ihrer Angst und ihrem Schmerz in Kontakt zu kommen.

Das dritte Kriterium ist die *anhaltende Stressreaktion.* Im Gehirn bleibt das Gefühl der Bedrohung, das Sicherheitsgefühl ist erschüttert, Vertrauen muss sich erst wieder entwickeln. Voraussetzung dafür sind wiederum neue und bessere Erfahrungen, die aufgrund des Vermeidungsverhaltens oft nicht gemacht werden können. Traumatisierte Menschen leiden neben den Wiedererlebenszuständen und den Einschränkungen durch das Vermeidungsverhalten unter Symptomen der Stressreaktion: Sie haben Schlafstörungen, weil sie sich nicht mehr sicher fühlen und die Kontrolle nicht abgeben können. Ihre Muskulatur ist stets angespannt – oder verspannt –, weil die Betroffenen auf Kampf und Flucht eingestellt sind. Die Verspannung der Muskeln führt zu einer auch im allgemeineren Sinne mangelnden Entspannungsfähigkeit und verhindert einen erholsamen Schlaf. Schreckhaftigkeit, Reizbarkeit, Überwachsamkeit, Magen-Darm-Beschwerden, Infektanfälligkeit und Erschöpfung sind weitere Folgen. In so einem Zustand kann man wie in einer Sackgasse steckenbleiben.

Was ist die Funktion einer solchen Posttraumatischen Belastungsstörung? Zunächst ist sie ein Ausdruck der noch nicht verarbeiteten traumatischen Erfahrung. Wiedererleben erinnert immer wieder an die erlebte Bedrohung und bildet so eine Art scharf gestelltes Alarmsystem, dessen Aufgabe es ist, das Überleben zu sichern. Diese Zustände wiederholen sich wie in einer Endlosschleife, wirken regelrecht retraumatisierend, verstärken die »Traumanetzwerke«. Um aus dem Überlebensmodus herauszukommen ins Leben, müsste im Außen die Gefahr real vorbei sein. Unter dieser Voraussetzung müsste man realisieren, dass das Trauma in der Vergangenheit war, dass es schlimm war und dass man es nicht ungeschehen machen kann.

Viele traumatische Erfahrungen bedeuten, dass für den Betroffenen nichts mehr ist wie zuvor: Wenn beispielsweise die Existenz zerstört ist, ein Kind ermordet wurde oder irreversible Schäden eingetreten sind, mag das Ereignis an sich zwar real vorbei sein, doch der Betroffene wird unter Umständen sein Leben lang unter den Folgen leiden. Das zu realisieren ist schwer und wird vermieden, was aber die Verarbeitung verhindert.

Nach dem Verlust eines nahestehenden Menschen versuchen Betroffene manchmal so zu tun, als wäre es nicht geschehen: Sie decken weiter den Tisch für den Verstorbenen mit, sie lassen das Zimmer eingerichtet, als könnte er jederzeit zurückkommen. Kurzfristig vermeidet man damit den Schmerz des irreversiblen Verlustes, der noch nicht aushaltbar ist. Trauerarbeit hat das Ziel loszulassen, den Verlust zu realisieren und eine Bewältigung zu finden, um weiterleben und sich neu orientieren zu können.

Das Vermeidungsverhalten soll vor dem traumatischen Wiedererleben und vor erneuten Verletzungen schützen, stellt dafür aber die Befriedigung anderer Grundbedürfnisse hintan. Wer sich zurückzieht, hat kaum Chancen auf Hilfe und Unterstützung. Das Vertrauen in sich und andere wird weiter geschwächt, der Selbstwertschutz dient in dieser Situation mehr dem bloßen Überleben als einem erfüllten und selbstgestalteten »wirklichen« Leben.

Neben den drei oben genannten Kriterien können Menschen nach frühen, häufigen und lang anhaltenden Traumatisierungen unter weiteren Symptomen leiden. Man spricht dann von komplexen Traumatisierungen und dementsprechend auch von einer komplexen Posttraumatischen Belastungsstörung. Betroffene haben ein verändertes Selbst- und Weltbild, es gibt Abspaltungen von Wahrnehmung und Bewusstsein, der Körper reagiert mit, die Gefühle können nicht reguliert werden. Über- und Untererregungszustände wechseln sich ab, beides liegt außerhalb des Toleranzbereiches. Diese Phänomene spiegeln sich auch im Wiedererleben (meist Übererregung) und im Vermeidungsverhalten (eher Untererregung).

Wie Pierre Janet bereits Ende des 19. Jahrhunderts beschrieben hat, ist die Abspaltung von Wahrnehmung, Bewusstsein und Erinnerung eine Form von »innerer Flucht«. Der Begriff »Dissoziation« bedeutet das Gegenteil von »Assoziation«, was so viel heißt wie Verknüpfung oder Verbindung. Dissoziative Störungen sind Traumafolgestörungen und haben die Funktion, nicht aushaltbare Zustände mehr oder weniger aus der Wahrnehmung, dem Bewusstsein und dem Gedächtnis abzuspalten. Es fehlt dann die Verbindung zum Gesamtzusammenhang.

Wie zeigen sich solche dissoziativen Verhaltensweisen? Die Wahrnehmung für den eigenen Körper, die eigene Person kann mehr oder weniger abgespalten sein oder befremdlich wirken. Man schaut in den Spiegel, weiß vom Kopf her »Das ist mein Spiegelbild«, hat aber zugleich den Eindruck, ein fremdes Gesicht zu sehen. Oder man weiß zwar, dass der Arm zum Körper gehört, hat aber zugleich das Gefühl, dass dieser eben nicht zum eigenen Körper gehört. Manche Betroffene nehmen ihren Körper so gut wie gar nicht wahr, außer vielleicht über starke Schmerzen. Unter Stress hat wohl jeder schon mal das Gefühl gehabt, neben sich zu stehen. Ausgeprägter kann es sein, wenn man sich wie von außen beobachtet, sich nicht mehr in seinem Körper fühlt oder das Gefühl hat, sich aufzulösen. Solche dissoziativen Phänomene bezeichnet man gewöhnlich als Depersonalisation.

Ein weiterer Wahrnehmungsbereich betrifft die äußere Realität, die Umgebung und die Menschen. Auch hier kann es zu Wahrnehmungsveränderungen kommen, die zu einer Entfremdung führen. Die Umgebung kann wie verschwommen oder weit entfernt wirken. Eine Situation kann erlebt werden, als ob ein Film vor einem abliefe, der mit einem selbst nichts zu tun hat. Unter Umständen führt das bis hin zu Abspaltungen von Erinnerungen, sodass man Vertrautes nicht mehr erkennt. So ein Entfremdungsgefühl kann zum Beispiel die eigene Wohnung betreffen. Man weiß, dass es die eigene Adresse ist, aber die eigentlich vertrauten Räume fühlen sich fremd an. Wird die Realität in dieser Weise verändert wahrgenommen, spricht man von Derealisationserleben.

Auch die Erinnerung kann mehr oder weniger abgespalten sein. Das betrifft insbesondere traumatische Erfahrungen, die bewusstseinsfern gehalten werden. Es gibt Erinnerungslücken in Bezug auf die eigene Biografie, aber auch im Alltag, wo das Zeiterleben fragmentiert ist und ganze Zeitspannen »fehlen«. Hier spricht man von dissoziativen Amnesien.

Die genannten Bereiche sind noch recht konkret vorstellbar. Abstrakter ist der Bereich der Identität. Es ist nicht selbstverständlich, dass man sich beschreiben kann: »So bin ich. Das macht mich aus.« Dafür braucht es ein Identitätsgefühl, das sich insbesondere in der Pubertät weiterentwickelt, auch um sich abzugrenzen von den Bezugspersonen. Man möchte herausfinden, was das Eigene ist. Die gesunde Identitätsentwicklung kann gestört sein, was zum Beispiel bei Bindungsstörungen der Fall ist. Es gibt Abstufungen von der Identitätsunsicherheit über die Identitätsverwirrung bis hin zur dissoziativen Identitätsstörung, die man früher »multiple Persönlichkeit« genannt hat. Komplette Abspaltungen von Selbstzuständen sind mit Erinnerungslücken verbunden, wenn es zu Wechseln zwischen verschiedenen Persönlichkeitsanteilen kommt.

Ursächlich für eine dissoziative Identitätsstörung sind schwere traumatische Erfahrungen in den ersten sechs Lebensjahren. Die Entwicklung der Störung ist als Überlebensstrategie und Anpassungsleistung an sonst nicht aushaltbare Bedingungen zu sehen. Abgespalten werden Erinnerungen, Körperempfindungen, Gefühle, die bedrohliche Realität. Wenn Kampf oder Flucht als aktive Überlebensstrategien nicht möglich sind, was im Kindesalter zutrifft, wird die passive Verteidigungs- und Schutzreaktion eingesetzt, vergleichbar dem »Totstellreflex«.

Von dissoziativen Störungen spricht man, wenn das Identitätserleben betroffen ist, dabei unterscheidet man teilweise und vollständig abgespaltene Selbstzustände. Letztere gehen immer mit dissoziativen Amnesien einher.

Die Fähigkeit zu dissoziieren hat jeder. Kinder können noch besonders gut in die Phantasiewelt abtauchen wie in eine zweite Realität. Sie können spielen, so tun als ob, in Rollen schlüpfen. Diese Fähigkeit hilft im »normalen Leben«, sich zu entspannen, ganz absorbiert von der Außenwelt ein Buch zu lesen oder – auch am Tag – vor sich hin zu träumen. Wir kennen solche Phänomene zum Beispiel bei den Übergängen vom Wach- in den Schlafzustand. Auch hier verändert sich der Bewusstseinszustand. Wenn Sie auf Reisen sind und jede Nacht in einem anderen Bett schlafen, ist es Ihnen vielleicht schon passiert, dass Sie morgens beim Aufwachen nicht orientiert sind, sich erst den Gesamtzusammenhang klarmachen müssen: Wo bin ich? Was ist die Situation?

Unter Stress kann es zu Depersonalisations- und Derealisationserleben kommen, ebenso bei Ängsten und Depression. Ausgeprägte dissoziative Verhaltensweisen werden als Kontrollverlust erlebt und lösen selbst weiteren Stress aus, etwa wenn Zeit fehlt, in der man nicht geschlafen, sondern funktioniert hat, sich daran aber nicht erinnern kann. Oder wenn andere Menschen zurückmelden, was man gesagt oder getan hat, und man selbst hat keinen Bezug dazu.

Abgespaltene Selbstzustände können in einer früheren Zeit wie steckengeblieben sein, fühlen sich dann auch jünger an und verhalten sich entsprechend. Das Wiedererleben bei der Posttraumatischen Belastungsstörung ist so ein »eingefrorener« Zustand: Der Betroffene fällt in ein Erleben der Vergangenheit zurück, fühlt sich wieder in der traumatischen Situation.

Traumafolgestörungen im engeren Sinn lassen einen Bezug zu erlebten Traumatisierungen erkennen, die nicht regelrecht verarbeitet werden konnten, weil sie zu überwältigend waren, außerhalb des Toleranzbereiches lagen. Voraussetzungen für eine Verarbeitung sind äußere Sicherheit, sichere Bindungen und nicht zuletzt ein Verständnis für die psychosomatischen Zusammenhänge und Funktionen der Störungen.

Bei der Behandlung geht es um eine achtsame Wahrnehmung im Hier und Jetzt. Diese betrifft die aktuelle Realität, die Beziehungen, die eigene Person und den Körper. Wo man unter traumatischen Bedingungen im Überlebensmodus Wahrnehmung verlernen und abspalten musste, geht es im »normalen« Leben um den umgekehrten Prozess. Ein Bewusstsein für die Gegenwart und die aktuelle Situation sowie die Wahrnehmung von Gedanken, Gefühlen und Körper ermöglichen einen Gesamtzusammenhang. Auf bewusster Ebene kann man Einfluss nehmen auf die Befriedigung der Grundbedürfnisse.

5. Wie wir unsere wirklichen Bedürfnisse erkennen – Wege zu einer guten Selbstwahrnehmung und Selbstfürsorge

Reflexionsfragen und Gedankenanregungen

Um zu einer guten Selbstwahrnehmung und Selbstfürsorge zu finden, bedarf es zunächst einer Orientierung im Hier und Jetzt. Der gegenwärtige Augenblick muss erkannt und wahrgenommen werden. Dazu ist es gut, innezuhalten und die folgenden Reflexionsfragen möglichst intuitiv zu beantworten. Die spontane Reaktion aus dem Gefühl heraus kann hier unter Umständen hilfreicher sein als rational wohlabgewogene Antworten aus dem Verstand heraus.

Bin ich mit meiner aktuellen Lebenssituation zufrieden?
Wie gut kann ich meine Bedürfnisse wahrnehmen und für mich sorgen?
Gibt es gute Modelle?
Was belastet mich derzeit am meisten?
Wie reagiere ich auf Stress?
Was hat bisher geholfen?
Möchte ich etwas verändern?

Es gibt verschiedene Formen der Trägheit, die Veränderung verhindern: Man könnte sein Leben darauf reduzieren zu essen, zu schlafen und sonst so wenig wie möglich zu tun. Lähmender wäre, wenn man sich nichts zutrauen, sich Herausforderungen erst gar nicht stellen und stattdessen seine Sehnsüchte unterdrücken würde. Am schlimmsten wäre es jedoch, wenn man eigentlich wüsste, worauf es im Leben ankommt, das Wichtige aber immer wieder auf später verschieben und sich stattdessen mit unzähligen belanglosen Dingen beschäftigen würde.

Wie kann man die großen Zusammenhänge erkennen? Diese

Kunst wird heute selten gelehrt. Statt zu reflektieren, werden fertige Antworten trainiert, ein Reflexdenken eingeübt. Dabei werden unter dem Schlagwort des »positiven Denkens« häufig negativ besetzte Gedanken verleugnet. Ängste, Hemmungen, Traurigkeit und Wut werden ausgeblendet. Das verhindert, dass man die Wahrheit in sich selbst sucht und sich seiner selbst – auch der eigenen Illusionen – bewusst wird. Ein freier Geist kann positive und negative Inhalte gleichermaßen erkennen und in Beziehung setzen. So kann es gelingen, in dem Wissen der eigenen Unvollkommenheit schon jetzt im Einklang mit sich selbst zu sein, statt sich mit dem fortwährenden Drang zur Selbstoptimierung zu überfordern. Diese innere Freiheit ist hilfreich bei der Auseinandersetzung mit den folgenden Reflexionsfragen:

Wie gehe ich mit dem Bedürfnis nach Sinnfindung um? Höre ich meine innere Stimme und nehme ich Impulse wahr, die nach außen drängen und für die ich bereit bin, etwas zu investieren?
Zeigt sich das Leben in seiner Fülle mit Gefühlen von Zufriedenheit, Begeisterung, Großzügigkeit?
Wo besteht ein Mangel, der in Gefühlen von Kraftlosigkeit, Neid oder Verbitterung zum Ausdruck kommt? Kann ich mir vorstellen, wie es in meinem Herzen weiter und wärmer wird?
Zeigt sich Schöpfergeist mit dem Erleben von Schaffensdrang und Erfindungsreichtum? Ist da Offenheit für Neues?
Wo erlebe ich innere Unordnung, die zur Vernachlässigung meiner Gesundheit und zur Überschreitung meiner Grenzen führen kann?
Gehe ich mit Besonnenheit vor, um meine innere Ordnung zu erhalten und gesund zu leben?

Das Leben ist dynamisch, bewegt sich zwischen den Polen von Fülle und Mangel, Hemmung und schöpferischer Expansion, Ordnung und Unordnung. Manchmal erlebt man in verschiedenen Lebensbereichen auch beides und es bestehen Übergänge.

Ein Gefühl von Stimmigkeit stellt sich ein, wenn man sich selbst versteht und keine inneren Konflikte zwischen den Grundbedürfnissen bestehen. Im Laufe des Lebens entwickelt man Strategien, um seine Grundbedürfnisse zu befriedigen und sich vor Verletzungen zu schützen. Derjenige, dessen innere Grundbedürfnisse ausgeglichen sind und der seine Ziele erreicht, erlebt Übereinstimmung und Vereinbarkeit. Diesen Zustand nennt man Konsistenz. Gesundheit steht in engem Zusammenhang mit dem Konsistenzerleben. Wenn hingegen die Grundbedürfnisse nicht gut befriedigt werden, wenn man seine Ziele nicht erreichen kann, erlebt man Inkonsistenz, was sich wiederum in Symptomen zeigen kann.

Manche Menschen suchen permanent nach Anerkennung, stürzen sich in Arbeit oder setzen sich übermäßig für andere ein. Vielleicht vermeiden sie damit, sich ausgeliefert zu fühlen. Wenn man sich nur auf sich selbst verlässt, muss man nicht so viel Angst haben, zurückgewiesen zu werden. Wenn man sich sehr für andere einsetzt, vermeidet man womöglich, nicht beachtet zu werden. Wenn man funktioniert und »vernünftig« ist, verpasst man zwar manche Freude, vermeidet aber auch Gefühle von Enttäuschung und Ärger.

Stellen Sie sich vor, wie viel Unberechenbarkeit und Kontrollverlust es zum Beispiel mit sich bringt, wenn Vater oder Mutter (oder beide) suchtkrank sind. Nicht wenige, die unter solchen Bedingungen aufgewachsen sind, haben ein überstarkes Bedürfnis nach Kontrolle bis hin zum Perfektionismus, um auf keinen Fall so zu werden wie der Vater oder die Mutter.

Es ist nachvollziehbar, dass man Bindung und Nähe zu anderen Menschen eher vermeidet, wenn man »preußisch« erzogen wurde, Angst vor Bestrafung haben musste. Ersatzbefriedigungen können überhöhte Leistungsansprüche, Überbewertung des Konkurrenzprinzips und der Drang nach Gewinnmaximierung sein. Die folgenden Reflexionsfragen können helfen, dem auf die Spur zu kommen:

Was sind die wirklichen Bedürfnisse?
Spüre ich Liebe, Freude, Freundlichkeit, Güte?
Wie viel Vertrauen ist da?
Kann ich mich hier und jetzt annehmen?
Lebe ich in diesem Augenblick, in dem alles stattfindet?

Wenn Sie sich auf diese und ähnliche Fragen einlassen und bei sich selbst nach Antworten suchen, werden Erinnerungen, Bilder, Gedankenverknüpfungen, Erkenntnisse, Gefühle und Körperempfindungen auftauchen. Stellt man fest, dass die Leinwand leer bleibt, weist das auf Hemmungen hin, die man als Ist-Zustand wahrnehmen kann. Es wird auch viel dazwischen geben: Manches bringt eine Saite zum Klingen, anderes bleibt stumm. Farben können auftauchen, vielleicht auch Schwarz und Weiß. Man kann sich das bewusst machen als Spiegel der eigenen Wahrnehmung und so in Kontakt mit sich selbst kommen.

Die eigene Geschichte erzählen

Haben Sie einmal versucht, Ihre Lebensgeschichte zu erzählen oder zu schreiben? Vielleicht haben Sie in verschiedenen Lebensphasen Tagebuch geführt, um Wichtiges festzuhalten, sich selbst innerlich zu ordnen, über das Schreiben mehr Klarheit und Zusammenhang zu entwickeln. Ähnlich ist auch die Zielsetzung der folgenden Übung:

Stellen Sie sich vor, Sie schreiben auf, wie Sie Ihr bisheriges Leben betrachten, woran Sie sich erinnern, was Sie aus Erzählungen oder über Fotografien, die Sie gesehen haben, wissen.
Sie könnten beginnen mit:
Aufgewachsen bei den Eltern zusammen mit … Geschwistern.
Das wievielte Kind waren Sie? Spielte die Geschwisterreihenfolge eine wichtige Rolle? Waren Sie als ältestes Kind in einer besonderen Verantwortung? Hatten Sie als mittleres Kind eine Art »Sandwichposition«? Was bedeutete es in der Herkunftsfamilie, das jüngste Kind zu sein?
Gab es Erwartungen, die an Sie gerichtet wurden?
Wie alt waren die Eltern bei Ihrer Geburt?
Was wissen Sie über Ihre Großeltern, wie haben Sie diese als Kind erlebt?

Die Beschäftigung mit diesen Dingen kann Aufschluss geben über den zeitlichen Zusammenhang, über damalige Erziehungsmethoden und Weltbilder. Wie hilfreich das sein kann, rückt in neuerer Zeit immer stärker ins Bewusstsein. So beschäftigt man sich beispielsweise in den letzten Jahren – um mehrere Jahrzehnte verzögert – intensiver mit den emotionalen Folgen des letzten Weltkrieges. Es werden Bücher geschrieben über die Kriegskinder und die Kriegsenkel.

Von den familiären Grundkonstellationen ausgehend können Sie sich auch allgemeiner mit den Gegebenheiten Ihrer Kindheit und Jugendzeit beschäftigen. In welche Zeit wurden Sie hineingeboren? Haben Sie sich mal mit Ihrem Geburtsjahr beschäftigt? Ein beliebtes Geburtstagsgeschenk insbesondere zu den runden Geburtstagen sind Bücher nach dem Motto »Wir vom Jahrgang …«. Da werden politische Ereignisse, Moden, Sichtweisen auf das Leben deutlich, die uns gesellschaftlich mitgeprägt haben.

Welche Bücher haben Sie damals gelesen?
Wohin sind Sie oder Ihre Klassenkameraden in den Urlaub gefahren? Gab es vielleicht sogar einen Ort, in den Sie wiederholt gefahren sind, weil alles so vertraut war?
Haben Sie diesen Ort in verschiedenen Lebensphasen neu erlebt, sodass Sie möglicherweise ganze Entwicklungsperioden damit verbinden können?
Wer waren die Helden Ihrer Kindheit? Welche Idole gab es in der Musik, in Büchern, in Filmen oder im realen Lebensumfeld?
Welche Wünsche hatten Sie damals an das Leben? Was davon hat sich überholt, sich als Illusion erwiesen, was hat Sie reifen lassen?
Wie ging es nach Kindheit und Jugend weiter? Was kam nach der Schule? Welchen Beruf haben Sie gewählt und warum? Welche Erfahrungen haben Sie in Partnerschaftsbeziehungen gemacht?
Zeichnen Sie Ihre Lebenslinie von der Geburt bis zur Gegenwart auf, markiert mit den Jahreszahlen: Welche einschneidenden Daten treten hervor, wo sind Wendepunkte? Gab es Krisen? Wodurch wurden diese ausgelöst? Haben sich Haltungen und innere Einstellungen im Laufe Ihres Lebens verändert? Woran glauben Sie noch?
Sie können entlang Ihrer Lebenslinie auch eine Stimmungskurve einzeichnen:
Was empfinden Sie als die Hoch- beziehungsweise Tiefphasen Ihres bisherigen Lebens?
Gab es viele Wechselfälle oder auch längere Phasen einer gefühlten Stabilität und Ruhe? Fühlen Sie sich als Gestalter(in) Ihres Lebens oder eher als Opfer der Umstände?

Wenn Sie verschiedene Phasen Ihres bisherigen Lebens betrachten, können Sie Farben, Formen und Symbole finden, die ausdrücken, wie Sie darüber denken und fühlen. Vielleicht hängen Sie auch an bestimmten Gegenständen, die Sie an etwas erinnern, was Ihnen wichtig ist. Das können Familienerbstücke sein, Reisesouvenirs, Geschenke, Kleidungsstücke, alte Fotos und Briefe.

Was möchten Sie behalten, was möchten Sie gerne loswerden?
Was hindert Sie, sich von manchem Ballast zu befreien?
Sind Sie eher ein Sammler? Erinnern Sie sich gerne an alte Zeiten?
Was macht Sie als Persönlichkeit aus? Was ist Ihnen gut gelungen? Woran sind Sie gescheitert? Haben Sie dieses Scheitern trotzdem als wichtigen Erfahrungsschatz in Ihr Leben integrieren können?
Wer waren die wichtigsten Bezugspersonen? Bei wem haben Sie sich geborgen gefühlt?

Erinnern Sie sich an Situationen, die für Sie Sicherheit, Wärme, Heimat bedeuten. Vielleicht denken Sie dabei an bestimmte Orte, Räume, Gerüche, Geschmackserlebnisse.

Gab es gute Modelle für ein gelingendes Leben, für Selbstfürsorge und Mitmenschlichkeit, für Lebensziele, an denen Sie sich orientiert haben? Wo hatten Sie eher das Bedürfnis nach Abgrenzung?
Wie ist es Ihnen in der Schulzeit ergangen mit Lehrern, Mitschülern, Leistungsanforderungen? Gab es ein gutes Miteinander, Freundschaften?
Erinnern Sie sich noch an den Übergang zur Pubertät, an die körperlichen Veränderungen, die sexuelle Entwicklung? Konnten Sie Ihre Rolle als Frau oder Mann finden, eine Geschlechtsidentität entwickeln? Konnten Sie sich jemandem anvertrauen?
Können Sie sich vorstellen, wie Sie als Kind waren, wie Sie gedacht und gefühlt haben?
Wenn Sie alte Fotos von sich selbst betrachten – mit welchem Blick nehmen Sie sich wahr?
Haben Sie einen Bezug zu sich selbst, so wie Sie damals waren?
Mit welchen Augen schauen Sie auf Ihre Jugendzeit? Verstehen

Sie Ihre damaligen Motivationen? Wie bewerten Sie aus heutiger Sicht frühere Lebensentscheidungen? Können Sie zu Ihren Fehlern stehen, akzeptieren, dass Ihnen damals die heutige Erfahrung noch nicht zur Verfügung stand?

Wenn Sie möchten, können Sie Ihre jüngeren Ichs zu einem Austausch einladen: Sie können das Kind, die Jugendliche, den jungen Erwachsenen fragen, wie es ihnen ergangen ist und was sie zu Ihrer heutigen Lebenssituation sagen würden. Wenn Sie in Ihrem jetzigen Alter erkennen, was gefehlt hat, können Sie lernen, sich selbst mit allem, was Sie ausmacht – und dazu gehören auch frühere Ich-Zustände – anzunehmen und zu trösten. Mitgefühl ist etwas anderes als Selbstmitleid.

Ein Baum, dessen Stamm von innen nach außen wächst, bildet Jahresringe. Im Kern ist alles noch vorhanden. Was bräuchte es, damit Ihr Lebensbaum verwurzelt ist, Nährstoffe aus der Erde bekommt, sich weit verzweigen kann in die Horizontale und die Vertikale, der Luft und der Sonne entgegen?

Sie können sich auch vorstellen, wie Sie als alter Mensch an Lebenserfahrung und Weisheit gewonnen haben:

Dieser weise alte Mann oder die weise Frau, die Sie einmal sein werden, wie können die Ihnen heute schon helfen?

Vielleicht wünschen Sie sich mehr Gelassenheit, mehr Nachsicht, einen besseren Blick für das Wesentliche. Bereits die Vorstellung einer Weiterentwicklung kann diese Fähigkeiten stärken, weil Sie mit entsprechenden Gedanken, Gefühlen und Körperempfindungen neue Verknüpfungen und Netzwerke im Gehirn schaffen.

Wenn Sie aus der Gegenwart die verschiedenen Zeitebenen betrachten, können Sie sich Vergangenes bewusster machen, Haltungen und Einstellungsmuster überprüfen, die Sie geprägt haben, und daraus Erkenntnisse für Gegenwart und Zukunft ziehen:

Was wünschen Sie sich für Ihr jetziges und zukünftiges Leben? Wie viel Gewicht haben einzelne Lebensbereiche? Wo stimmt das Gleichgewicht nicht?

Hilfreich kann sein, in der Vorstellung Bilder und Symbole zu nutzen.

Wenn Ihr Leben eine runde Torte wäre, wie groß sind die Tortenstücke, die für die unterschiedlichen Bereiche Ihres Lebens stehen, zum Beispiel für Beruf, Partnerschaft, Familie, Freunde, Hobbys oder Spiritualität?

Sie können sich auch ein Haus mit verschiedenen Räumen vorstellen, um der Bedeutung, die die einzelnen Bereiche für Sie haben, auf die Spur zu kommen:

Was befindet sich im Erdgeschoss Ihres Hauses, was im ersten oder zweiten Stockwerk, was im Dachgeschoss?
Werden alle Räume genutzt und gelebt? Gibt es Verborgenes und Vergessenes im Keller, was sich emotional noch bemerkbar machen könnte?
In Umbruchphasen stehen Menschen immer wieder vor der Situation, sich entscheiden zu müssen, festzuhalten oder loszulassen. Was von dem, was sich im Keller oder auf dem Speicher befindet, ist Ballast, was wird noch gebraucht?

Den meisten Menschen fällt es nicht so leicht, auszumisten, Dinge wegzuwerfen, etwas hinter sich zu lassen. Angesichts der Gefahren von Krieg oder Naturkatastrophen wurden und werden Menschen, die fliehen müssen oder vertrieben werden, dazu gezwungen. Sie hatten und haben dabei keine Wahl, mussten und müssen vielleicht sogar ihr ganzes bisheriges Leben aufgeben. Wenn man hingegen die Freiheit der Wahl hat, braucht es Gedankenkraft, einen Abgleich von Verstand und Gefühl, um Veränderungsprozesse anzustoßen und zu durchlaufen. Man benötigt dafür Entschlossenheit, Mut, Kraft und Vertrauen als Fundament, auf das man bauen kann.

Bevor man Lebensentscheidungen trifft, braucht es eine Orientierungsphase, in der sich äußerlich womöglich nicht viel bewegt, man aber bewusst Gedanken, Gefühle und Reaktionen wahrnimmt. Solange man noch nicht weiß, was man möchte, wohin es gehen soll, ist es gut, sich in verschiedenen Situationen achtsam zu erfahren. Eine Hilfe dazu können die folgenden Reflexionsfragen geben:

Wie erlebt man sich an unterschiedlichen Orten, in bestimmten Räumen?
Welchen Einfluss hat es, wenn man verreist?
Wie viel zeigt man von sich selbst, wie viel Kontakt hat man zu seinem Inneren? Gibt es da Unterschiede, je nachdem, wo man sich befindet?
Spielen äußere Faktoren eine Rolle, die Geborgenheit und Sicherheit vermitteln (zum Beispiel ein bequemer Sessel, Kissen, warmes Licht, angenehme Temperatur, bestimmte Farben oder Düfte)?

Die Orientierungsphase bezieht sich auf äußere und innere Räume, auf die Begegnung mit anderen Menschen, mit sich selbst und der eigenen Spiritualität, mit dem, was einem wichtig ist und dem eigenen Leben Sinn gibt. Das kann sich in Überlegungen wie diesen widerspiegeln:

Wenn Sie Autorin Ihrer eigenen Lebensgeschichte, Regisseur Ihres Theaterstückes oder Ihrer Filmbiografie sein könnten – aus welchen Perspektiven würden Sie dann gerne auf Ihr Leben schauen?
Welche verschiedenen Handlungsstränge gibt es?
Wechseln die Zeitebenen? Braucht man immer wieder Rückblenden, um die gegenwärtige Situation mit den zugehörigen Gedanken und Gefühlen zu erklären, den Sinnzusammenhang herzustellen?
Möchten Sie lieber Erzählerin oder Beobachter sein? Oder würden Sie gerne selbst auf der Bühne stehen?
Ist Ihnen wohler, wenn Sie aus der Distanz zuschauen oder möchten Sie mitten ins Erleben gehen?

Für Ihre Erzählung, Ihr Theaterstück oder Ihre Filmbiografie können Sie sich unterschiedlicher Stilmittel bedienen: Man kennt aus Romanen, Filmen und Theaterstücken Szenenwechsel, Schnitte, verschiedene Erzählebenen, ironische, humoristische oder auch groteske Blickwinkel.

Mit einer imaginären Kamera kann man bestimmte Situationen fokussieren, zoomen, Bilder verschwimmen lassen, Szenen aus der Ferne oder von oben betrachten. Aus der Entfernung hat man einen besseren Überblick, mehr emotionalen Abstand und kann deshalb die Gesamtsituation leichter erfassen. Begibt man sich hingegen in das Geschehen hinein, kann man sich mit seinen Gedanken, Gefühlen und Körperempfindungen erleben. Man kann den Wechsel von Nähe und Distanz steuern und mal die Perspektive aus der ersten Person einnehmen, in der man von sich als »ich« spricht, um dann wieder in die Rolle des Erzählers, der Beobachterin zu schlüpfen, in der man von sich in der dritten Person spricht (er oder sie denkt, fühlt, handelt).

Bücher werden verfilmt oder in Theaterstücke umgeschrieben. Dabei verändern sich mitunter die Schwerpunkte, die Aussagekraft und selbst das Ende der Geschichte. In Romanen dauert es manchmal lange, bis verschiedene Handlungsstränge zusammengeführt werden, Menschen mit ihrer jeweiligen Vorgeschichte zusammentreffen und sich unterschiedliche Lebenswelten vermischen. Manche Geschichten erstrecken sich über einen Zeitraum von mehreren Generationen, sind eingebettet in den historischen Kontext, haben einen mehr oder weniger autobiografischen Hintergrund.

Der Stoff, aus dem die eigene Lebensgeschichte gewebt ist, besteht aus Fakten, Daten und Namen, aber auch aus Bildern, Gefühlen, Körpererinnerungen, Bewertungen und Interpretationen. Wenn man Menschen aus seinem sozialen Umfeld nach gemeinsamen Erlebnissen fragt, wird man ganz unterschiedliche Wahrnehmungen mitgeteilt bekommen, obwohl man objektiv gesehen in der gleichen Situation war. Geschwister, die in einer Familie aufgewachsen sind, entwickeln sich trotzdem in unterschiedliche Richtungen. Jeder wird seine eigene Version haben, wie die Entwicklung vom Kind bis ins Erwachsenenalter abgelaufen ist.

So wie sich Menschen in ihrer Wahrnehmung voneinander unterscheiden, werden sich auch bei einem selbst Bewertungen vergangener Ereignisse im Rückblick verändern. Jede Weiterentwicklung, jeder Erkenntnisgewinn lässt Erlebtes in einen neuen Gesamtzusammenhang einordnen. Man kann seine Lebensgeschichte selbst immer wieder neu schreiben, mit zunehmendem Alter und wachsender Lebenserfahrung gewinnt man an Reife und Weisheit. Vielleicht wird der Blick weicher, nachsichtiger, verständnisvoller, selbstfürsorglicher.

Warum ist es sinnvoll, die eigene Lebensgeschichte zu erzählen? Schauen wir uns an, was Historiker machen.

Auch hier geht es um Geschichten aus früheren Zeiten. Es wird geschildert, wie Menschen einst miteinander umgegangen sind, was Kriege und Revolutionen verursacht hat, welche Haltungen und Bewertungsmaßstäbe Verhaltensweisen geprägt haben. Geschichtswissenschaftler beschäftigen sich mit den Quellen, lesen Originaltexte, suchen nach Material aus dieser Zeit. Neben der Sichtung und Beschreibung stellen sie Zusammenhänge her, definieren und interpretieren Epochen, spannen zeitliche und räumliche Bögen, schaffen Verbindungen, damit man die Geschichte besser verstehen und daraus lernen kann. Daten sind dabei nur Rohmaterial, erst die Einordnung in den Gesamtzusammenhang macht Geschichte lebendig. Buchstaben und Worte allein vermitteln noch keine Geschichte, den Bezug bekommt man erst durch die Menschen, die damals gelebt, gedacht und gefühlt haben.

Wenn man sich mit den Motivationen und Zielen der Menschen früherer Epochen näher beschäftigt, kann man besser verstehen, warum beispielsweise junge Männer begeistert in den Ersten Weltkrieg zogen. Die Menschen hatten die gleichen Grundbedürfnisse nach Sicherheit, Bindung, Selbstwertschutz und -erhöhung sowie nach Lustgewinn und Unlustvermeidung. Wenn vermittelt wird, dass es heldenhaft ist, für das Vaterland in den Krieg zu ziehen, befriedigt das Bedürfnisse nach Bindung und Zugehörigkeit zu einer größeren Gemeinschaft. Der Selbstwert wird erhöht, was einen belohnenden Faktor darstellt und Annäherung fördert. Die Gefahr und die Todesangst treten zurück, wenn die eigene Stärke und Siegesgewissheit im Vordergrund stehen.

Wir werden durch viele Faktoren beeinflusst und können uns dem auch nicht ganz entziehen. Je bewusster uns diese Faktoren sind, desto mehr Entscheidungsfreiheit und Selbstwirksamkeit haben wir zur Verfügung. Es ist gut, die eigenen Motivationen zu ergründen und zu überprüfen, wodurch diese beeinflusst werden. Man kann sich fragen, wie ausgeprägt Lebensmotive wie Anerkennung, Macht, Neugier, Ordnung, Familie, Status, Schönheit, Idealismus oder emotionale Ruhe sind. In konkreten Fragen könnte sich das beispielsweise so niederschlagen:

Gibt es Konflikte in Bezug auf Familie und Karriere? In Bezug auf Teamorientierung und Konkurrenz? In Bezug auf Zweckorientierung und Freude?

Gibt es Konflikte zwischen dem Wunsch nach Nähe und dem Bedürfnis nach Abgrenzung?

Wer sein Leben in den Dimensionen von Raum und Zeit betrachtet, dem fällt es leichter, sich zu orientieren. Neben dem, was man messen und quantifizieren kann, gibt es noch andere Qualitäten, andere Erlebensweisen, denen es nachzuspüren lohnt:

Kennen Sie Gefühlszustände, in denen sich die Wahrnehmung verdichtet, sich Dinge bis zum Stillstand verlangsamen können, das Zeitgefühl aufgehoben ist?
Können Sie eintauchen in ein tieferes Leben, eine tiefere Zeit? Eine Zeit, in der Sie nicht mehr handeln, nicht mehr arbeiten und sich sorgen müssen? Gibt es neben dem Müssen auch ein Können, neben dem Füllen der Zeit auch eine Erfüllung?
Verlassen Sie manchmal Zeit und Raum und suchen die Welt der Imagination, des Traumes, vielleicht auch, um Trost zu finden und weniger am Leid zu leiden?

Ein Beispiel für den Übergang in diese zweite Realität ist das Buch »Die Brüder Löwenherz« von Astrid Lindgren. Das zu Beginn beschriebene Leid im Angesicht von Krankheit und Tod lässt einen in Tränen ausbrechen. Diese Realität bleibt bestehen und löst sich auch nicht auf. Was sich verändert, ist das Leiden daran. Wenn man Trost erfährt, ist das etwas anderes, als Hilfe zu bekommen. Im tiefsten Inneren kann man das Leiden am Leid aufheben, auch wenn das Übel im Außen bestehen bleibt.

Die eigene Geschichte zu erzählen, hat unendlich viele Facetten. Man kann sich anregen lassen durch Geschichten, durch die Kunst, die Musik, die Imagination. Durch Meditation kann man lernen, frei von Mustern und Gedanken sein wahres Wesen zu erkennen.

Entwicklungsgeschichten

Wenn wir uns das menschliche Leben im Zeitverlauf anschauen, gibt es in jedem Alter bestimmte Entwicklungsaufgaben. Betrachten wir zunächst in allgemeiner Form verschiedene Phasen mit ihren Charakteristika.

Im ersten Lebensjahr wird die Basis für Vertrauen oder auch Misstrauen geschaffen. Sind die Bezugspersonen feinfühlig und werden die Grundbedürfnisse befriedigt, kann das Kleinkind bis zum dritten Lebensjahr zunehmend die Umwelt erkunden und selbstständiger werden. Es wird dabei auch Grenzen und Ängste mit Gefühlen von Scham und Zweifeln erleben. Vom dritten bis zum sechsten Lebensjahr haben Kinder oft Größenideen, orientieren sich aber weitgehend an den erwachsenen Modellen. Wie bei der vorangegangenen Phase stößt das eigene Wollen auf Grenzen, deren Überschreitung mit zunehmender Gewissensbildung auch Schuldgefühle hervorrufen kann. In der Zeit vom sechsten Lebensjahr bis zur Pubertät geht es bei einer gesunden Entwicklung um die realistische Einschätzung der eigenen Fähigkeiten und um neue Lernerfahrungen. Bei Störungen können sich Minderwertigkeitsgefühle entwickeln.

Das Jugendalter steht im Zeichen der Identitätsentwicklung. Zunächst kann es dabei einige Unsicherheiten geben, das Gehirn befindet sich im Umbau. Im frühen Erwachsenenalter stehen eine angemessene Nähe-Distanz-Regulation und die Würdigung des eigenen Selbstwertes im Vordergrund. Damit es im mittleren Erwachsenenalter nicht zur Stagnation kommt, geht es in dieser Phase besonders darum, sich sozial einzubringen, sich um die nachfolgende Generation zu kümmern. Im höheren Erwachsenenalter wird man sich mit Themen wie Alter und Tod auseinandersetzen. Statt daran zu verzweifeln, kann sich Weisheit entwickeln. Ziel ist, das eigene Leben anzunehmen mit allem, was gut oder weniger gut gelaufen ist. Diese Integrationsfähigkeit ist wesentlich für die seelische Gesundheit, sie gibt dem Leben einen Sinnzusammenhang.

In jeder dieser Phasen kann es zu Konflikten und Krisen kommen, die einer aktiven Auseinandersetzung bedürfen. Dabei werden nicht immer alle Konflikte vollständig gelöst, manche bleiben womöglich ein Leben lang bestehen. Wir bewegen uns in Konfliktfeldern mit den Gegenpolen Annäherung versus Vermeidung, Autonomie versus Abhängigkeit, dem Wunsch nach Zugehörigkeit bei gleichzeitiger Notwendigkeit der Abgrenzung.

Wenn es um die Grundbedürfnisse geht, sind die ersten Lebensjahre prägend für das Erleben von Sicherheit und Bindung. Urvertrauen ermöglicht die Exploration, die Entfernung von der Bezugsperson und schließlich die Ablösung vom Elternhaus. Im positiven

Fall hat man dann in seinem Inneren genug Halt und Struktur, um sein Leben in die Hand zu nehmen, seine Grundbedürfnisse selbst zu befriedigen. Sind bestimmte Entwicklungsschritte noch nicht erfolgt, können diese auch in einer späteren Lebensphase nachgeholt werden. Allerdings braucht es ein Bewusstsein für die eigenen inneren Haltungen, für Gewohnheiten und Verhaltensmuster, für bedürftige und verletzliche Seiten, für die eigene Lebensgeschichte.

Was können wir für unsere eigene Entwicklung aus den Lebensgeschichten anderer Menschen lernen? Etliche Medien leben davon, dass sie sich auf Schicksale, Skandale oder auch das Scheitern von Menschen regelrecht stürzen. Wenn wir im Folgenden einen Blick auf mehrere Lebensgeschichten werfen (die personenbezogenen Details wurden zwecks Anonymisierung verändert), geht es – anders als bei solchen »Storys« – nicht um Voyeurismus, sondern darum, Modelle für die Bewältigung ähnlicher Situationen in unserem eigenen Leben zu finden und ein Gespür auch für das zu entwickeln, was wir uns nicht wünschen. Schauen wir uns zunächst einige Lebensgeschichten von Menschen an, die eine Psychotherapie begonnen haben, weil sie in ihrer Entwicklung nicht weiterkamen, unter zunehmenden Beschwerden litten.

Lebensgeschichte, die die Entwicklung einer Depression zeigt

Eine Frau Mitte 30, Büroangestellte von Beruf, ist in zweiter Ehe mit einem zehn Jahre älteren Mann verheiratet. Sie beklagt depressive Verstimmungen mit Versagensängsten, Antriebsmangel, Grübelneigung und Konzentrationsstörungen. Seit etwa einem halben Jahr fühle sie sich beruflich und privat überfordert und sei deshalb seit einigen Wochen krankgeschrieben. Sie habe einen regelrechten »Horror vor dem Büro« und könne sich nicht vorstellen, an ihren bisherigen Arbeitsplatz zurückzukehren. Den Vorgesetzten und den Kolleginnen gegenüber sei sie ängstlich und unsicher, sie könne niemanden um Rat fragen. In der Partnerschaft komme es zunehmend zu Meinungsverschiedenheiten, an denen sie sich die Schuld gebe.

Aufgewachsen als Einzelkind bei ihren Eltern in der damaligen DDR. Der Vater wird als egoistisch, unzuverlässig und geizig beschrieben, die Mutter als hilfsbereit und willensschwach. Die Verhältnisse seien geordnet gewesen, über Probleme sei nicht gesprochen worden. Die Scheidung der Eltern sei erfolgt, als sie im jungen Erwachsenenalter gewesen sei. Als Kind habe sie unter Ängsten und Albträumen gelitten, gegenüber Altersgenossen habe sie Kontaktprobleme gehabt. Besonders in der Lehrzeit habe sie sich gegen Schikanen nicht zur Wehr setzen können. Nach der Schule habe sie eine Ausbildung zur Bürokauffrau abgeschlossen. Nach der Wende sei sie in den Westen gegangen.

Mit Anfang 20 heiratete die Frau zum ersten Mal. Die Beziehung habe jedoch nur zwei Jahre gehalten. Der Mann habe sie misshandelt, und schon vor der Eheschließung habe es Probleme gegeben, weil die Schwiegermutter sich in alles eingemischt habe.

Mit Mitte 20 zweite Heirat. Ihren jetzigen Mann beschreibt sie als zuverlässig und ehrgeizig, er sei ein »lustiger Typ« mit starkem Durchsetzungsvermögen. Er schätze ihre Häuslichkeit und ihren Ordnungssinn, kritisiere ihre derzeitige sexuelle Unlust und ihr mangelndes Selbstvertrauen. Sie wünsche sich mehr Zärtlichkeit, Anerkennung und Freiraum. Der Mann sehe es nicht gerne, wenn sie etwas allein unternehme. Die gemeinsame Tochter besuche die Grundschule und sei sehr verwöhnt. Als Mutter habe sie sich sehr auf das Kind fixiert. Der pubertierende Sohn aus erster Ehe sei sehr verschlossen, habe schulische und psychische Probleme.

Zur Herkunftsfamilie bestehe kaum noch Kontakt. Der Vater lebe mit einer Freundin zusammen und sei inzwischen zum zweiten Mal geschieden. Die Mutter habe sich seit der Scheidung verändert, sei ihr gegenüber abweisend.

Hobbys seien Tanzen und Aerobic, an Wochenenden Radfahren, Besuch von Märkten und Ausstellungen. Aus finanziellen Gründen sei die Familie in letzter Zeit nicht in Urlaub gefahren.

Die Frau berichtet, es falle ihr schwer, Kontakte zu knüpfen. In ihrer Jugend in der damaligen DDR habe es mehr Zusammenhalt gegeben. Trotz vieler Möglichkeiten am Ort habe sie nichts Neues mehr versucht.

Zu den lerngeschichtlichen Hintergrundbedingungen: Als Kind erlebte die Frau einen strengen Vater und eine willensschwache Mutter. Nach außen hin schien alles harmonisch, da es an Offenheit fehlte. Als Einzelkind nutzte sie kaum Möglichkeiten zum Ausbau ihrer sozialen Kompetenzen, Mitschülern gegenüber sei sie zurückhaltend und ängstlich gewesen. Als junge Erwachsene verließ sie das Elternhaus und heiratete. Sie hat nicht gelernt, eigenverantwortlich zu leben.

Zur depressiven Entwicklung: Im Mittelpunkt steht die Selbstunsicherheit mit abhängigen Persönlichkeitszügen. Ihre eigenen Bedürfnisse ordnet sie unter. Sich selbst nimmt sie als hilflos, inkompetent und schwach wahr. Trennungen lösen bei ihr Verlassenheitsängste aus. Im Denken zeigen sich Einstellungen wie »Ich bin weniger wert als andere«; »Ich muss mehr leisten«; »Es darf mir nicht gut gehen, wenn andere leiden«; oder »Ich kann nichts machen«.

Gefühle wie Wut oder Traurigkeit kann sich die Frau nur schwer zugestehen. Latente Aggressionen äußern sich eher indirekt in körperlichen Beschwerden wie verstärkter Anspannung, Kopfschmerzen, Magendruck, Schlaf- und Konzentrationsstörungen. Im Sozialkontakt neigt sie zu Anpassung beziehungsweise Rückzug. Defizite bestehen in der Wahrnehmung und Äußerung eigener Wünsche und Bedürfnisse. Sie kann schlecht Nein sagen und Konflikte austragen. Aufgrund ihres Harmoniebedürfnisses vermeidet sie Konfrontationen. Depressive Phasen stehen in deutlichem Zusammenhang mit Trennungsereignissen. Bei der letzten Tätigkeit im Büro entwickelte sie Versagensängste bei ungewohnten Anforderungen. Sie traute sich nicht, um Hilfe zu bitten, und resignierte. Vom Partner bekam sie nicht die Geborgenheit, die sie erwartete.

Die Depression wird aufrechterhalten durch die beschriebenen Einstellungsmuster und das Gefühl der eigenen Hilflosigkeit. Eine Funktion der körperlichen Beschwerden ist in Entlastung und Konfliktvermeidung zu sehen. Aufgrund ihres Perfektionsanspruches kann die Frau sich ohne äußeren Anlass wenig Ruhe zugestehen. Langfristig führten Überanpassung und die Rückstellung eigener Bedürfnisse zu Einschränkungen der Leistungsfähigkeit und der persönlichen Lebensführung.

Was könnten in einem solchen Fall Entwicklungsschritte sein? In der Beschäftigung mit der eigenen Lebensgeschichte können psychosomatische Zusammenhänge besser verstanden werden. In neuen Sozialkontakten und in der Reflexion darüber ist ein Ausbau der sozialen Fähigkeiten möglich. Leitfragen könnten dabei sein: Wo möchte ich mich abgrenzen? Welche Situationen möchte ich üben? Wer tut mir gut?

Kreative Elemente und übende Verfahren (Imaginationen, Entspannung, Achtsamkeit, Einbezug des Körpers) können helfen, die Selbstwahrnehmung und Selbstfürsorge zu verbessern. Denkweisen können identifiziert und hilfreichere Haltungen entwickelt werden. Nach dem Prinzip der kleinen Schritte ist es möglich, Neues auszuprobieren und positive Aktivitäten aufzubauen. In einem Gespräch mit dem Ehemann können gemeinsame und individuelle Aktivitäten thematisiert werden, aber auch Ängste oder Gefühle von Eifersucht. Beruflich kann es um eine Objektivierung von Leistungsfähigkeit und Versagensängsten gehen. Mit entsprechender Unterstützung können realistische Möglichkeiten auf dem Arbeitsmarkt ausgelotet werden.

Entwicklungen brauchen Zeit und Raum sowie soziale Unterstützung und neue Erfahrungen. Manchmal auch den Leidensdruck, dass es so nicht weitergehen kann, dass die Beschwerden zunehmen. Darüber hinaus sind die Veränderungsmotivationen wichtig: Geht es nur um die Leistungsfähigkeit oder vielmehr um die Befriedigung von Bedürfnissen, damit die Lebensqualität steigt, man sich gesünder fühlt?

Lebensgeschichte, die den Umgang mit einem Schicksalsschlag zeigt

Schauen wir uns im Weiteren eine Lebensgeschichte an, wo ein einschneidendes Ereignis alles Bisherige verändert. Bei der Bewältigung gibt es kein Richtig oder Falsch. Jeder kann auf sich wirken lassen, welche Gedanken auftauchen, welche Gefühle man bei sich selbst wahrnimmt, wo man innerlich aufbegehrt oder Mitgefühl spürt.

Es geht um einen Mann Mitte 40, der zusammen mit seinem älteren Bruder und seiner jüngeren Schwester bei den Eltern in einem Dorf aufgewachsen ist. Die Mutter wird als gutmütig und hilfsbereit beschrieben, der Vater sei mit knapp 60 Jahren an den Folgen einer Krebserkrankung gestorben – zu einem Zeitpunkt, als er selbst noch nicht volljährig gewesen sei. Der Mann berichtet, dass die Beziehung zu Geschwistern und Eltern immer gut gewesen sei. Er habe sich zu Hause wohlgefühlt und keine Probleme gehabt.

Nach der Schule absolvierte der Mann eine Lehre zum Einzelhandelskaufmann, den Beruf habe er aus Überzeugung gewählt. Mit Mitte 20 habe er einen Arbeitsunfall gehabt mit schwerer Bauchverletzung und zahlreichen Operationen. In der Folge habe er immer wieder unter Bauchschmerzen gelitten, deren Intensität über die Jahre zugenommen und eine ständige Schmerzmitteleinnahme erforderlich gemacht hätte. Nach dem Unfall habe er noch einige Jahre in seiner Firma weitergearbeitet. Schließlich habe er wegen der zunehmenden körperlichen Einschränkungen und Schmerzen seine Arbeit nicht mehr schaffen können und eine Umschulung zum Bürokaufmann angestrebt. Diese sei ihm allerdings verweigert worden. Stattdessen sei er nach etwa zwei Jahren Arbeitslosigkeit als erwerbsunfähig eingestuft worden.

Zwei Jahre vor dem Unfall habe der Mann seine fast gleichaltrige Frau geheiratet, mit der er zu diesem Zeitpunkt bereits zwei Kinder gehabt habe.

Vor dem Unfall habe es keine Probleme gegeben, nach dem Unfall habe hingegen sein ganzes Leben auf dem Kopf gestanden. Er habe an vielen Aktivitäten nicht mehr teilnehmen können. Seine Frau habe Außenbeziehungen gehabt. Im Schwimmbad hätten sich seine Kinder für ihn geschämt und ihn nicht mehr dabeihaben wollen. Freunde hätten viel mit den Kindern unternommen, sodass diese nicht hätten leiden müssen.

Zehn Jahre nach dem Unfall sei dann die Trennung erfolgt. Die Frau sei wieder an ihren weiter entfernten Herkunftsort gezogen. Der Mann berichtet, er selbst habe die Scheidung eingereicht, da seine Frau ja auch ein Recht auf ihr Leben habe. Das gemeinsame Haus hätten sie verkauft. Der Mann sei bei einem älteren Bekannten eingezogen, den er schon seit seiner Kindheit kenne. Dort wohne er mietfrei, beteilige sich aber an den Unkosten. Darüber hinaus betreue er den über 70-Jährigen, helfe ihm im Haushalt und bewirtschafte mit ihm gemeinsam das Grundstück mit vielen Tieren.

Die Tochter studiere inzwischen, die Kontakte seien sehr selten. Der Sohn besuche ihn hingegen öfter. Der Kontakt zur Ex-Ehefrau sei gut, phasenweise hätten sie über Wochen täglich miteinander telefoniert. Auch sie lebe nicht in einer neuen Partnerschaft.

Der Mann berichtet, die Beziehungen seiner (Ex-)Frau hätten ihn früher sehr verletzt, obwohl er sie verstanden habe. Seine Potenzstörungen infolge des Arbeitsunfalls hätten mit dazu beigetragen, dass seine Ehe kaputt gegangen sei, bis heute habe er Angst vor einer neuen Beziehung. Mehrere Kontakte zu Frauen seien nur von kurzer Dauer gewesen.

Vor dem Unfall habe er einen großen Freundeskreis gehabt. Man habe sich gegenseitig beim Bauen geholfen, sei gemeinsam in die Kneipe gegangen und er sei viel eingeladen worden. Seit dem Unfall hätten sich seine Sozialkontakte jedoch sehr reduziert, er gehe nur noch selten aus. Er vermeide Kaufhäuser, Menschenmengen, Fahrstühle und Höhen aus Angst vor weiteren Verletzungen im Bauchbereich. Aufgrund der narbenbedingten Entstellung des Bauches und des Narbenbruches gehe er nicht mehr schwimmen, früher habe er viel Sport getrieben.

Seinen Alltag beschreibt der Mann als sehr strukturiert: Er stehe früh auf und gehe mit dem Hund spazieren. Nach Aktivitäten im Haushalt frühstücke er spät. Mittags führe er wieder den Hund aus. Das Füttern der zahlreichen Tiere nehme etwa zwei Stunden in Anspruch. Abends koche er regelmäßig für sich, gelegentlich esse er auch bei seiner Mutter, die im gleichen Ort im Elternhaus zusammen mit dem älteren Bruder und dessen Familie lebe. Seine jüngere Schwester wohne wenige Kilometer entfernt und habe ebenfalls eine Familie.

Er schildert, dass es ihm bei Besuchen schwerfalle, die Geschwister mit ihren Familien zu sehen, während er selbst alleine sei. Abends sei er viel mit dem älteren Bekannten im Haus zusammen. Insgesamt sei er viel draußen und mache Spaziergänge mit dem Hund.

Kulturelle Bedürfnisse habe er auch früher wenig gehabt, allerdings – wie oben bereits erwähnt – viele Sozialkontakte. Der Mann berichtet, er sei seit dem Unfall kaum noch zu Feiern eingeladen worden und habe den Eindruck, er werde vergessen. Früher sei er mit der Familie oder mit Freunden in Urlaub gefahren, doch nun habe er seit Jahren keinen Urlaub gemacht, habe auch kein Interesse, alleine zu verreisen.

Er setze sich keine Ziele mehr. Im Gegensatz zu früher sei er aber auch nicht mehr verbittert. Er tröste sich eher damit, dass mit zunehmendem Alter auch bei anderen weniger gehe und die Kontakte wieder anders werden könnten. Gegenwärtig meide er viele Sozialkontakte, weil er äußerlich zu gesund und fit wirke und seine Erkrankung deshalb nicht entsprechend ernst genommen werde. Er fürchte vor allem auch körperliche Verletzungen, die den jetzigen Zustand, an den er sich gewöhnt habe, verschlimmern könnten. Inzwischen habe er gelernt, sich so zu bewegen, dass er durch seine Haltung einen gewissen Einfluss auf die Schmerzen nehmen könne.

Wir können annehmen, dass der Mann vor dem Unfall ein recht selbstbewusster, geselliger und aktiver Mensch war, der viel Sport getrieben und seinen Beruf mit Überzeugung und Freude ausgeübt hat. Durch die erheblich verminderte Leistungsfähigkeit, die zur Aufgabe des Berufes führte und zahlreiche Aktivitäten gerade im sportlichen Bereich nicht mehr zuließ, fielen viele frühere Ressourcen weg. Zusammen mit den Potenzstörungen entwickelte er ein ausgeprägtes Schamgefühl mit deutlich vermindertem Selbstwertgefühl.

Insgesamt ergibt sich das Bild eines Mannes, der nach fast 20 Jahren versucht, sein Leben anzunehmen. Sicherheit vermitteln die Tagesstruktur, die gute Selbstfürsorge und einige wenige stabile Sozialkontakte. Ängste bestehen in Bezug auf eine mögliche Verschlimmerung des körperlichen Zustandes mit deutlichem Vermeidungsverhalten. Der Verzicht auf die Familie, der Rückzug von vielen Sozialkontakten und das Selbstbild, ein »Krüppel« zu sein, führten zu wiederholten depressiven Einbrüchen.

Aus Angst vor einer Verschlimmerung der bestehenden Beschwerden entwickelte der Mann eine Agoraphobie ohne Panikstörung: Er vermeidet Kaufhäuser, Menschenmengen und Ähnliches. Eine spezifische Phobie besteht bezüglich Höhen. Der soziale Rückzug ist auf das mangelnde Selbstwertgefühl, Scham, das Gefühl, von vielen Aktivitäten ausgeschlossen zu sein, und die Angst, unter Menschen erneut verletzt zu werden (sicher nicht nur in körperlicher Hinsicht) zurückzuführen.

Durch die jetzige Lebensform hat er sich eine Nische geschaffen, in der er sich vor Verletzungen (vor allem psychischer Art) schützen kann. Die klare Tagesstruktur mit vielfältigen Aufgaben trägt dazu ebenso bei wie das Gefühl, niemandem zur Last zu fallen und von niemandem abhängig zu sein. Die Verantwortung für den älteren Bekannten sowie für die Tiere und das Grundstück gibt ihm zumindest das Gefühl, nicht wertlos zu sein. Allerdings wird deutlich, dass er diejenigen beneidet, die Familie und einen Beruf haben.

Dadurch, dass er sich keine Ziele mehr steckt, schützt er sich vor möglichen Enttäuschungen. Schritte in Richtung einer neuen Partnerschaft sind für ihn mit negativen Erfahrungen verbunden. Mit dem älteren Bekannten versteht er sich nach eigener Aussage super. Auch die Beziehungen zur Ex-Ehefrau, zu seinen Kindern und seiner Herkunftsfamilie stellt er konfliktfrei dar. Mit zunehmendem Alter auch seiner früheren Freunde hofft er, dass seine körperlichen Einschränkungen relativiert werden und sich Kontakte wieder anders gestalten könnten. In ähnlicher Weise erlebt er wohl auch den Kontakt mit dem über 70-jährigen Bekannten.

Bemerkenswert ist das Gesundheitsbewusstsein des Mannes: Er

ernährt sich bewusst, geht maßvoll mit Genussmitteln um und bewegt sich trotz der körperlichen Einschränkungen viel im Freien. Damit kann er zumindest einen gewissen Einfluss auf sein Befinden nehmen, was als Ressource zu werten ist. Er versucht, das (aus seiner Sicht) Beste aus seinem Leben zu machen. Kritisch könnte man anmerken, dass bei deutlichen Verleugnungs- und Bagatellisierungstendenzen das Gleichgewicht recht labil ist und bei weiteren, auch geringen zusätzlichen Belastungen kippen könnte.

Angesichts dieser Lebensgeschichte können sich Gefühle der Betroffenheit mit Gefühlen der Bewunderung abwechseln. Vielleicht erlebt der eine oder andere auch Wut darüber, dass der Mann meint, alle anderen schonen zu müssen, sich selbst als Zumutung sieht. Womöglich ist man auch erschrocken über die ablehnenden Erfahrungen, die der Mann zum Teil machen musste. Manche sehen vielleicht das Potential, das vorhanden gewesen wäre, wenn er sich aktiver Hilfe geholt und diese auch bekommen hätte. Bei allen möglichen Reaktionen und Gefühlen ist es gut, den Menschen mit seinen Bewältigungsmöglichkeiten zu verstehen und zu würdigen, das verbindet.

Lebensgeschichte, die auf einen Mangel hinweist

Beobachten Sie beim Lesen einer weiteren Lebensgeschichte Ihre Gedanken, Gefühle und Reaktionen.

Eine Frau Ende 30 begibt sich in psychotherapeutische Behandlung, weil sie unter vielfältigen Ängsten, Schwindel, diffusen Schmerzen, Herzbeschwerden und Schlafstörungen leidet. Sie berichtet, dass sie seit dem Herztod ihres Mannes einige Jahre zuvor ständig Angst habe, an einem Herzinfarkt oder einem Schlaganfall zu sterben. Trotz mehrfacher Kontrollen habe sie sich immer wieder ins Akutkrankenhaus einweisen lassen, um dort erneut Gewissheit zu erlangen, dass ihre Herzbefunde in Ordnung seien. Verschlimmert habe sich die Symptomatik vor einem knappen Jahr im Zusammenhang mit der zweiten Heirat. Sie wolle auf keinen Fall noch einmal einen Partner verlieren. Aktuell habe sie den Eindruck, nicht weiterzukommen, sie sei von ständiger Angst und Unruhe getrieben. Als Therapieziele benennt sie, ihren Körper nicht mehr so beobachten zu wollen. Der Kopf solle frei werden, sie wolle nicht mehr so schnell ausrasten, ihr Leben akzeptieren. Außerdem habe sie das Ziel, mit ihrem Mann eine gute Ehe zu führen und eine vernünftige Arbeit zu finden. In Sozialkontakten wolle sie sich besser abgrenzen.

Zur Vorgeschichte gibt sie Folgendes an: Ihre Eltern hätten sich scheiden lassen, als sie noch ein Baby gewesen sei. Die Mutter habe bald nach der Scheidung wieder geheiratet. Vom siebten bis zum vierzehnten Lebensjahr sei sie in ein Kinderheim »abgeschoben« worden. Zur älteren Schwester und zum jüngeren Halbbruder habe nie eine Beziehung bestanden. Der Stiefvater, zu dessen Person die Patientin sonst keine Angaben machen möchte, habe sich sexuell an ihr vergangen. Die Atmosphäre im Elternhaus habe sie als »falsch« empfunden. Die Mutter habe den Sohn immer mehr geliebt als sie. Als Kind habe sie unter Albträumen, Nägelbeißen und Ängsten gelitten. In der Schule habe sie Lernprobleme gehabt und viel geschwänzt. Mit Altersgenossen habe sie viel gestritten.

Ihren ersten Ehemann habe sie mit Anfang 20 kennengelernt und wenige Jahre später geheiratet. Er habe sie »wie eine Prinzessin« verwöhnt und sei beruflich sehr erfolgreich gewesen. Nach fünf Jahren Ehe habe er einen plötzlichen Herztod erlitten, damit sei sie bis heute nicht fertiggeworden. Den jetzigen Ehemann habe sie vor drei Jahren kennengelernt. Er sei egoistisch, trinke und spiele, was sie verabscheue. Am liebsten würde sie sich von ihm trennen, die Ehe sei ein Fehler gewesen. Durch Suiziddrohungen setze er sie allerdings unter massiven Druck.

Zu Ausbildung und Beruf: Nach der Hauptschule habe sie eine Ausbildung zur Kauffrau absolviert und den Realschulabschluss nachgeholt. Danach wechselnde Tätigkeiten als Vertreterin und Werbeleiterin. Zwischendurch habe sie unregelmäßig als Kellnerin gearbeitet, in den letzten Monaten aber keine Beschäftigung mehr gefunden. Ihr Mann sei ebenfalls arbeitslos, beide bezögen Arbeitslosengeld. Sie habe wenige Freunde, Persönliches bespreche sie mit ihrer besten Freundin. Ihre Kontaktfreudigkeit sei sehr von den Menschen abhängig. Bei den meisten Frauen sei sie unbeliebt wegen ihres guten Aussehens und ihrer tollen Figur. Ihre Schwester sei immer neidisch auf sie gewesen. An den Wochenenden gehe sie in die Disco oder mache Spaziergänge, sie wolle nur weg von ihrem Mann.

Zur Lerngeschichte und Persönlichkeit: In Kindheit und Jugend fehlte es an Stabilität, die Verhältnisse waren regelrecht chaotisch. Von der Mutter fühlte sie sich abgeschoben, die Beziehung zur älteren Schwester und zum jüngeren Halbbruder war geprägt von

Eifersucht und Neid. Die fehlende Zuwendung versuchte die Frau außerhalb der Familie zu bekommen, indem sie sich mit Männern einließ. Frühe sexuelle Missbrauchserfahrungen führten wohl dazu, dass sie auch weiterhin sexuell ausgenutzt wurde. In der ersten Ehe suchte und fand sie die Geborgenheit, die sie zuvor vermisst hatte. Von daher ist nachvollziehbar, dass sie die Zeit bis zum Tod des ersten Ehemannes eher idealisiert.

Nach dem Tod des Mannes ging sie zahlreiche kurzlebige Beziehungen ein, in denen sie sich meist von den Männern abhängig machte. Ihren jetzigen Ehemann glaubt die Patientin aus der Alkohol- und Spielsucht gerettet zu haben. Seine Hörigkeit setzt sie einerseits unter Druck, andererseits werden ihr Mittelpunktstreben und ihr Zuwendungsbedürfnis befriedigt. Neben histrionischen liegen abhängige und unreife Persönlichkeitszüge verbunden mit emotionaler Instabilität vor.

Im Interaktionsverhalten wirkt die Frau theatralisch, mit übertriebenem Ausdruck von Gefühlen. Durch andere Personen oder Umstände ist sie leicht beeinflussbar. Sie hat ein starkes Verlangen nach Aufregung, Anerkennung durch andere und nach Aktivitäten, bei denen sie im Mittelpunkt der Aufmerksamkeit steht. In Erscheinung und Verhalten wirkt sie auffallend verführerisch, ihr übermäßiges Interesse an körperlicher Attraktivität zeigt sich beispielsweise darin, dass sie nach eigener Aussage täglich etwa hundertmal in den Spiegel schaut. Im Sozialkontakt reagiert sie schnell gekränkt und mit Rückzug, wenn sie sich nicht genug beachtet fühlt. Frauen gegenüber besteht eine starke Konkurrenz, sie fühlt sich als Opfer der Eifersucht anderer Frauen.

Die beinahe täglich auftretenden Panikattacken und körperlichen Symptome haben womöglich auch die Funktion, Zuwendung und Aufmerksamkeit zu bekommen. Eine wirkliche Auseinandersetzung mit ihren Problemen hat die Frau bisher vermieden. Beruflich war sie immer auch ehrgeizig und konnte sich in der Werbebranche recht gut »verkaufen«. Männern gegenüber neigt sie dazu, sich entweder zu unterwerfen oder sich überhaupt nicht anzupassen. In einem regulären Arbeitsverhältnis hat sie Schwierigkeiten, sich zurückzunehmen und einzufügen.

Es handelt sich hier um eine ausgesprochen belastete Biografie mit vielen erlebten Verletzungen. Trotzdem könnte es manchen schwerfallen, Mitgefühl für das Leid der Frau aufzubringen. Vermutlich spürt sie sich selbst nicht wirklich, die »falsche« Atmosphäre im Elternhaus zieht sich weiter durch ihr Leben. Zum leiblichen Vater besteht kein Kontakt. In Beziehungen zu Männern versucht sie, aus der Opferrolle von früher in eine aktive Rolle zu kommen. Bis auf ihre erste Ehe hat sie jedoch eher die Erfahrung gemacht, dass sie nicht das bekommt, was sie braucht. In der Klinikbehandlung ging sie eine Beziehung zu einem Mann ein und ließ sich nicht wirklich auf die Therapie ein.

Die beschriebene Frau braucht, was wir alle brauchen: Gefühle von Sicherheit und Halt, vertrauensvolle Beziehungen, ein Selbstwertgefühl, das nicht nur die Oberfläche betrifft. Außerdem neue Verhaltensmuster der Nähe-Distanz-Regulation. Erst wenn sie einen Zugang zu ihren Gedanken, Gefühlen und Körperempfindungen zulässt und ihr Leid angemessen würdigen kann, wird sie lernen, ihre bisher ungestillten Bedürfnisse auf eine gesündere und erwachsenere Weise zu befriedigen. Neue Wege sind erst mal mühevoll und lösen Ängste aus. Deshalb bleiben Menschen oft lange in den alten Mustern stecken, wiederholen diese immer wieder.

Lebensgeschichte, die einen Weg aus der Enge zeigt

Betrachten wir noch eine letzte Lebensgeschichte. Achten Sie auch hier auf Ihre eigenen Gedanken, Gefühle und Reaktionen.

Hier geht es um die Geschichte eines Mannes Ende 40, der zusammen mit seiner etwas jüngeren Ehefrau, seinen zwei Töchtern (15 und 20 Jahre) und dem 8-jährigen Sohn im eigenen Haus in seinem Heimatort lebt. Der Mann begab sich mit Symptomen einer sozialen Phobie und »nervösen Magenbeschwerden« in psychotherapeutische Behandlung. Er sei ständig angespannt und hektisch, fühle sich wegen seiner inneren Unruhe nicht so belastbar. Aufgrund seiner perfektionistischen, leistungsorientierten Persönlichkeitsstruktur könne er schlecht loslassen, er müsse ständig etwas tun. Entscheidungen wäge er lange ab, teilweise neige er zum Grübeln. Im Sozialkontakt habe er starke Hemmungen, fühle sich unsicher und minderwertig. Wegen der chronischen Magenbeschwerden achte er sehr darauf, was er esse, er vermeide größere Mengen und sei eher untergewichtig.

Die über 20-jährige Ehe sei zur Gewohnheit geworden, auf Probleme von Frau und Kindern reagiere er schnell nervös und überreizt. Am liebsten ziehe er sich zurück und beschäftige sich sportlich. Er habe nur wenige Freunde, es falle ihm schwer, auf andere Menschen zuzugehen und es fehle an vertrauensvollen Beziehungen. Größere Veranstaltungen (zum Beispiel Betriebs- und Familienfeste) vermeide er aus Angst, keinen Anschluss zu finden und nicht zu wissen, was er sagen solle. Um lockerer zu werden, müsse er vorher eine Flasche Bier trinken. Beruflich gebe es keine Probleme, in den letzten Jahren habe allerdings die Verantwortung zugenommen, er sei derjenige, auf dem alles laste. Als Ziele benennt er den Abbau von sozialen Ängsten und die Reduktion körperlicher Beschwerden. Er wolle lockerer werden, besser genießen und entspannen können.

Zu Kindheit und Herkunftsfamilie: Aufgewachsen auf dem Bauernhof der Eltern zusammen mit einem älteren Bruder, einer älteren Schwester und einem jüngeren Bruder. Der Vater wird als dominant, befehlend, laut und schimpfend beschrieben. Der Betroffene berichtet, er habe ihn als Kind gefürchtet. Die Mutter sei zurückhaltend und fleißig gewesen, die Beziehung zu ihr sei besser als zum Vater gewesen. Jedes Kind sei bei der Arbeit in der Landwirtschaft mit eingespannt gewesen. Wegen seiner damaligen Asthmabeschwerden habe er weniger leisten können und sei deshalb in den Augen des Vaters weniger wert gewesen. Die Atmosphäre im Elternhaus sei ebenso wie die Beziehung zu den Geschwistern nicht allzu harmonisch gewesen. Er habe sich den Eltern nicht anvertrauen können, sei eher ängstlich gewesen. In der Schule sei er »keine Leuchte« gewesen, Altersgenossen gegenüber habe er sich zurückhaltend verhalten. Rein körperlich sei er nicht der Stärkste gewesen und habe oft den Kürzeren gezogen.

Zum beruflichen Werdegang: Nach dem Realschulabschluss habe er eine Ausbildung zum Elektrotechniker absolviert. Seit 20 Jahren sei er in regelmäßiger Vollzeitbeschäftigung tätig. Er sei mit seiner Arbeit zufrieden, das Verhältnis zu Kollegen sei gut. Auseinandersetzungen gehe er möglichst aus dem Weg. Von Vorgesetzten werde er wegen seiner Zuverlässigkeit und seines Fachwissens geschätzt. Anlass für Kritik seien wohl seine mangelnde Gesprächsbereitschaft und seine Zurückhaltung. Durch Rationalisierungsmaßnahmen sei die Verantwortung in den letzten Jahren mehr geworden, fachlich habe er jedoch keine Probleme. Durch die lange Betriebszugehörigkeit sei der Arbeitsplatz gesichert, er verfüge über ein gutes Einkommen. Durch die ständigen Magenbeschwerden sei er jedoch sehr angespannt. Am liebsten arbeite er für sich allein.

Zu Partnerschaft und Familie: Eine regelrechte Aufklärung habe früher nicht stattgefunden. Kenntnisse über Sexualität habe er in der Schule, durch Bekannte und eigene Erfahrungen bezogen. Vor der Ehe habe er etwa fünf Beziehungen zu Frauen gehabt, die nie länger bestanden hätten. Die Trennung sei mal von der einen, mal von der anderen Seite erfolgt, weil jeder »was anderes gefunden« habe. Mit Ende 20 habe er nach vierjähriger Bekanntschaft geheiratet, weil ein Kind unterwegs gewesen sei. Sie hätten das Gerede der Leute im Dorf vermeiden wollen. Seine Frau beschreibt der Mann als gutmütig. Sie habe allerdings wenig Ehrgeiz und Selbstbewusstsein. Die Partnerschaft wird als gut bis mittelmäßig eingeschätzt, manchmal denke er jedoch, dass die Ehe ein Fehler gewesen sei. Die Partnerin schätze ihn wegen seiner Ordnungsliebe und Hilfsbereitschaft und kritisiere, dass er geizig sei, nicht viel rede, wenig unternehme und ständig »meckere«. Er würde sich einen liebevolleren Umgang und mehr Gespräche miteinander wünschen. Manchmal habe er schon in Erwägung gezogen, sich eine eigene Wohnung zu nehmen. Sein derzeitiges Sexualleben sei zwar nicht unbefriedigend, der Reiz des Neuen sei nach langem Zusammenleben allerdings verschwunden.

Die Erziehung der Kinder, die alle noch zu Hause wohnen würden, sei nach seinen Vorstellungen zu freizügig gelaufen. Seine Frau könne sich besser durchsetzen als er. Er bemühe sich allerdings, seine Ängste zu verbergen. Die Kinder hielten ihn für selbstbewusster und stärker, als er sich selbst sehe. Seine älteste Tochter beschreibt der Betroffene als egoistisch und nervös. Reibereien seien an der Tagesordnung. Sie habe im letzten Jahr Abitur gemacht und werde wegen des Studiums wohl bald ausziehen. Die jüngere Tochter sei angeberisch, was ihn schnell ausrasten lasse. Im Sozialkontakt sei sie lockerer als er, finde schnell Anschluss. In der Schule sei sie jedoch phlegmatisch und oberflächlich. Das jüngste Kind sei sehr zurückhaltend und tue sich mit Altersgenossen schwer. Aufgrund des gestörten Sozialverhaltens habe es Probleme bei der Einschulung gegeben.

Insgesamt vermittelt der Patient gegenüber der Familie den Eindruck emotionaler Kühle und Distanziertheit. Im Gegensatz zur Frau und den Kindern sei er sehr ordentlich und genau, er könne nichts herumstehen lassen. Wenn er am Morgen in die unaufgeräumte Küche komme, stehe ihm schon der Schweiß auf der Stirn. Den Kontakt zu seinen im Nachbarhaus wohnenden Eltern empfinde er manchmal als zu eng und zu viel. Die Beziehung zu den Schwiegereltern beschreibt der Patient als eher schlecht: Die Schwiegermutter habe einen schwachen Charakter, der Schwiegervater sei ein bisschen »primitiv«. Kontakte würden sich auf Familienfeiern beschränken, bei denen er, wenn er die Teilnahme nicht vermeiden könne, versuche sich anzupassen.

Bezüglich Freizeit und Hobbys gibt der Mann an, es falle ihm schwer, andere Menschen kennenzulernen. Sein Bekanntenkreis beschränke sich auf etwa zehn Personen. Einmal in der Woche treffe er sich mit einem guten Freund zu gemeinsamen Aktivitäten (Sauna, Kneipe, Radfahren, Tennis). Im Kontakt würde er gerne offener, lockerer und entspannter werden. Hobbys seien vor allem Sport, Gartenarbeit und Musikhören. Er verreise nicht besonders gerne, weil er die Aufregung und Magen-Darm-Beschwerden während der Fahrt und beim Essengehen fürchte. Am liebsten verbringe er den Urlaub ohne festes Programm zu Hause.

Zur Lerngeschichte und Persönlichkeitsentwicklung: Der Mann ist in eher ärmlichen Verhältnissen und unter hohen Leistungsanforderungen aufgewachsen. Unter dem Einfluss des Vaters entwickelte er einen hohen Anspruch an sich selbst sowie eine perfektionistische Grundhaltung. Bis heute hat er Angst, den Erwartungen anderer nicht gerecht zu werden. Für die Eltern stand die Leistung im Mittelpunkt. Für eigene Bedürfnisse und Wünsche blieb wenig Raum. Weder zu den Eltern noch zu den Geschwistern bestand eine echte Vertrauensbeziehung. Auch Altersgenossen gegenüber verhielt er sich zurückhaltend, sodass seine interaktionellen Fertigkeiten wenig gefördert und entwickelt wurden.

Somatisierungsverhalten: Der Mann leidet nach eigenen Angaben seit über 20 Jahren an gastrointestinalen Beschwerden in Form von Magendruck, Völlegefühl und Wechsel zwischen Durchfall und Verstopfung. Diese würden bevorzugt in psychischen Belastungssituationen auftreten, zum Beispiel bei beruflicher Anspannung oder infolge von Hemmungen im Sozialkontakt. Durch medizinische Untersuchungen habe er immer wieder versucht, Ängste vor einer organischen Erkrankung abzubauen.

Durch die intensive Beschäftigung mit seinem Körper nimmt er jede körperliche Missempfindung verstärkt wahr. Aufgrund sozialinteraktioneller Defizite fällt es ihm schwer, Gefühle direkt zum Ausdruck zu bringen. Sein Vermeidungsverhalten führt er auf die körperliche Symptomatik zurück, sodass er sich mit seinen Kommunikationsschwierigkeiten nicht konfrontieren muss. Kurzfristig positive Konsequenzen des Rückzugsverhaltens sind in Konfliktvermeidung und Beruhigung zu sehen, langfristig verschlimmerten sich die Ängste und Selbstzweifel jedoch.

Was können Entwicklungsschritte sein? Im therapeutischen Kontext können psychosomatische Zusammenhänge erarbeitet und verstanden werden. Wenn Vertrauen aufgebaut ist, kann es entlastend sein, Ängste und Hemmungen anzusprechen. In Gruppen kann der geschützte Rahmen helfen, durch die Rückmeldungen anderer zu erfahren, dass man mit den Problemen nicht allein dasteht, auch vermeintliche Schwächen zulassen kann.

Was passierte während der Klinikbehandlung? Wenn der Mann sich einbrachte, war das spontan und oft sehr prägnant, er überraschte dabei durch Schlagfertigkeit und Witz. Bei Unternehmungen mit anderen machte er die Erfahrung, dass sein Selbstwertgefühl von vielen anderen Faktoren unabhängig von der Leistung beeinflusst wurde. Im gemeinsamen Sport stand das Miteinander im Vordergrund, dabei konnte er übermäßigen Leistungsdruck abbauen, auch mal loslassen und genießen. Sport und Entspannungsverfahren trugen dazu bei, Verspannungen zu lösen, was sich auch im Magen-Darm-Bereich positiv auswirkte. Einen Besuch der Ehefrau nutzte er, um über seine Ängste zu sprechen und sein bisheriges Rückzugsverhalten zu erklären. Er war überrascht über ihr Verständnis und die relativ ungezwungene Atmosphäre. Um die Anspannung am Arbeitsplatz zu reduzieren, wollte er in einem Gespräch mit dem Vorgesetzten bestehende Konflikte thematisieren und dabei auch zu eigenen Schwächen stehen. Im privaten Bereich wollte er sich mehr Zeit für genussorientiertes Verhalten nehmen.

In allen vier Lebensgeschichten geht es um notwendige Entwicklungen, die natürlich Zeit brauchen. Manchmal wirken allerdings schon einige Wochen in einem unterstützenden Umfeld mit neuen Lernerfahrungen wie ein Katalysator, sodass Entwicklungsprozesse zielgerichteter und auch beschleunigter ablaufen. Im Kontakt mit anderen Menschen bekommt man Rückmeldung, findet Verbindendes, kann eigene Bewertungen identifizieren und überprüfen, bekommt Modelle für eine gute Selbstfürsorge und wird selbst zum Modell für andere. Auf der Bedürfnisebene werden Gefühle von Sicherheit, Vertrauen, Selbstwert und Selbstwirksamkeit gestärkt, im Gehirn entstehen durch neue Erfahrungen Netzwerke, die weiter ausgebaut werden können. Es ist die Mischung aus vielerlei Komponenten, die bisher starre Strukturen aufbrechen und weiten kann. Zu diesen Komponenten gehören Wissensvermittlung, Entwicklung von Verständnis für Zusammenhänge, Zugang zur eigenen Lebensgeschichte, soziale Erfahrungen, eine nicht ausschließlich auf körperliche Beschwerden konzentrierte Selbstwahrnehmung, die Förderung angenehmer Empfindungen, Bewegung und kreative spielerische Elemente.

Wendepunkte und Entwicklungsaufgaben

Wie jeder seinen Weg findet, ist individuell. Für Weichenstellungen spielen innere und äußere Einflüsse und deren Wechselwirkungen eine wesentliche Rolle. Das Innere betrifft die Persönlichkeitsentwicklung, im Außen gibt es eine Aufeinanderfolge von Situationen und Ereignissen, die den Lebenslauf prägen. Unsere Lebensgeschichte wiederum besteht nicht nur aus Tatsachen, sondern auch aus unseren Bewertungen und Interpretationen. Man kann im Außen Erfolg haben und sich trotzdem innerlich leer fühlen.

Es macht etwas mit uns, wie wir von anderen behandelt werden, umgekehrt wirkt unsere innere Haltung auf andere. Sind wir misstrauisch, wird uns das für Ereignisse sensibilisieren, die dieses Misstrauen scheinbar bestätigen – zumindest dann, wenn wir voreingenommen sind und nicht mit beiden Augen sehen. Versuchen wir zu erfassen, was zwischen Gut und Böse, zwischen Schwarz und Weiß ist, werden wir die Welt differenzierter betrachten, offener und weiter in unserer Wahrnehmung sein.

Wiederholen sich negative Erfahrungen in ähnlicher Weise immer wieder, werden diese zu dichten Netzwerken im Gehirn. Dann kann das Leben im ungünstigen Fall zu einer einspurigen Autobahn werden. Wendepunkte im Leben bedeuten hingegen eine neue Weichenstellung, die Richtung ändert sich. Wandlungen zeigen sich innen und außen, das lässt sich ebenso wenig voneinander trennen wie der Körper und der Geist. Wann es im Leben zu einem Wendepunkt kommt, kann oft erst in der Rückschau festgestellt werden. Die Definition und Bewertung nimmt jeder Mensch selbst vor. Manche sprechen von einem Vorher und einem Nachher.

Was kann sich verändern? Es können äußere Wechsel sein, etwa ein Umzug, ein neuer Arbeitsplatz oder eine neue Partnerschaft. Beziehungen ändern sich, wenn Kinder geboren werden, groß werden, aus dem Haus gehen. Mit zunehmendem Alter verändert sich der Körper, die Leistungsfähigkeit, die Sexualität. Es bedeutet immer wieder eine Entwicklungsaufgabe, mit den Veränderungen mitzugehen und sich flexibel (mit den entsprechenden Grenzen) anzupassen. Innere Wandlungen können in Verbindung mit äußeren Veränderungen stehen, müssen es aber nicht. Mit jeder neuen Erfahrung können sich Denkweisen, Gefühle und Empfindungen in alle möglichen Richtungen bewegen. Auch ohne einen fassbaren äußeren Anlass können Zweifel auftreten, was als sinnhaft erlebt wird, was Weiterentwicklung oder Stillstand bedeutet.

Wenn man sein bisheriges Leben infrage stellt, sein Leben so nicht weiterführen möchte, kann man in eine richtige Sinn- und Lebenskrise geraten. Das Alte hat keinen Bestand mehr, das Neue ist noch nicht definiert. In so einer Phase ist die besondere Herausforderung, Unsicherheit zu ertragen, Gefühle von Enttäuschung, Wut und Trauer zuzulassen, ohne darin steckenzubleiben. Es ist schmerzhaft, sich von manchen Wünschen und Möglichkeiten zu verabschieden, wenn sich diese als nicht realisierbar herausgestellt haben. Es kostet Mut, Anstrengung und Kraft, sich mit dem Scheitern auseinanderzusetzen, ohne in Schuld und Scham zu versinken.

In welche Richtung soll der Lauf des Lebens gelenkt werden? Was sind die Motivationen? In der Bilanz des bisherigen Lebenslaufes geht es darum, neue Sinnquellen zu entdecken, wenn das Bisherige so nicht weitergeführt werden kann. Jeder Mensch sucht nach einer inneren Stimmigkeit. Wenn etwas aus dem Gleichgewicht gerät, muss über die Phase der Krise ein neues Gleichgewicht entwickelt werden. Die Lebendigkeit im Leben bleibt erhalten, weil die angestrebte Stimmigkeit nie vollendet ist.

Was sind mögliche Lebensthemen? Natürlich entwickeln sich diese aus dem Wechselspiel mit der Umwelt, den uns umgebenden Menschen und den gesellschaftlichen Strukturen. Es gibt allerdings auch die jeden ganz persönlich betreffenden Themen, die ein inneres Bedürfnis sind und zur Entwicklung und Verwirklichung drängen. Das kann das Streben nach mehr Gerechtigkeit sein, nach einer besseren Welt, nach Freiheit, aber auch nach echteren, tiefer gehenden Beziehungen. Wie möchte man wirksam sein, Spuren hinterlassen? Welche verschiedenen Rollen nimmt man dabei ein? Man kann sich seine persönliche Nische betrachten, in der man aktiv Einfluss nimmt auf das eigene Selbst mit seinem Denken und Fühlen und auf seine Umwelt. Die Nische ist das, was einen als Person direkt umgibt und betrifft: die Familie, das Zuhause, der Arbeitsbereich, das, womit man sich in seinem aktuellen Leben beschäftigt, wo man im positiven Fall Selbstwirksamkeit erfährt und sein Selbstwertgefühl stärkt.

Wenn man versucht, sich persönliche Lebensthemen bewusster zu machen, nimmt man womöglich Einflüsse der Vergangenheit wahr. Spuren können eine starke Leistungsorientierung, Perfektionismus, eine Betonung von Autonomie oder Erfolg, aber auch ein vermehrter Einsatz für andere oder eine Überanpassung sein. Manche Menschen fühlen sich für ganz viel verantwortlich, andere geben Verantwortung eher ab. Wer früh in die Verantwortung gedrängt wurde, steht womöglich zwischen diesen Positionen. Manchmal werden unerfüllte Wünsche und Erwartungen auf die nächste Generation übertragen, was auch als unbewusster Auftrag wirksam sein kann.

Zur Annäherung und Bewusstmachung der eigenen Lebensthemen können Reflexionsfragen helfen. Und eine solche Bewusstmachung ist sinnvoll, denn wahrscheinlich will man sich am Ende seines Lebens nicht sagen müssen: Alle waren mit meinem Leben zufrieden, nur ich selbst nicht.

Wie stark ist das Sicherheits- und Kontrollbedürfnis?
Gelingt die Nähe-Distanz-Regulation in den sozialen Beziehungen?
Ist es möglich, das eigene Potential zu entfalten?
Wie kann man liebevoll mit sich selbst umgehen, ohne anderen dabei Schaden zuzufügen?
Wo ist Abgrenzung notwendig, weil man nicht auf der Welt ist, um die Erwartungen anderer Menschen zu erfüllen?
Was ist das Ureigene?

Über die Medien erfahren wir von Schicksalsschlägen. Diese Berichte ergreifen uns, und die Art, wie Betroffene sie bewältigen, kann für uns möglicherweise zum Modell werden oder uns helfen, unser eigenes Leben dankbarer anzunehmen. Schauen wir uns einige Beispiele an:

Vor Jahren verunglückte Samuel Koch vor den Augen eines Millionenpublikums in der Sendung »Wetten, dass …«. Die körperlichen Unfallfolgen mit Lähmung aller vier Gliedmaßen werden sein ganzes weiteres Leben begleiten. Was er für sich hilfreich nutzte, war das öffentliche Miterleben seines Leides, er bekam viel Zuwendung und Aufmerksamkeit. Sein Name wurde bekannt, er schrieb Bücher, machte eine Ausbildung zum Schauspieler, lernte seine jetzige Frau kennen. Das klingt nach einem Happy End. Doch mit den Herausforderungen des Lebens wird Samuel Koch weiter konfrontiert werden – wie alle Menschen. Er muss mit den körperlichen Einschränkungen leben und der dadurch vermehrten Abhängigkeit von anderen. In der Liebesbeziehung müssen Qualitäten wie Vertrauen und gegenseitige Akzeptanz besonders gepflegt werden, es bedarf eines guten Selbstwertgefühls, um sich nicht als Last für andere zu empfinden.

Bekannt wurde auch das Schicksal von Natascha Kampusch, die als Kind entführt und jahrelang gefangen gehalten wurde, bis sie sich selbst befreien konnte. Es gab ein hohes öffentliches Interesse daran, wie sie die Jahre durchgestanden hat, wie sie jetzt weiterlebt. Genug Stoff für inzwischen zwei Bücher und einen Kinofilm. Vielleicht haben Sie beobachtet, wie ein Mensch in der Opferrolle gesehen wird: Natascha Kampusch hat einerseits Mitgefühl und Aufmerksamkeit erfahren. Auf der anderen Seite wurde ihr aber auch Neid und Ablehnung entgegengebracht, wenn sie für Interviews oder die Rechte für die Verfilmung gut bezahlt wurde. Dieses Schicksal kann für uns als Beobachter auch auf einer allgemeineren Ebene Fragen mit sich bringen:

> Was passiert, wenn jemand die ihm zugeschriebene Opferrolle verlässt?
> Wenn Sie das mitverfolgt haben, wie waren Ihre eigenen Reaktionen darauf?

Eine recht große Anzahl von über die Medien verbreiteten Geschichten befasst sich mit persönlichen Schicksalen von Menschen, die zunächst nicht prominent sind. Dabei fehlt es nicht selten an einer respektvollen Haltung, es wird eher der Voyeurismus des Publikums befriedigt. Dennoch können uns auch solche Geschichten Anlass zum Nachdenken geben.

Welche Reaktionen erwarten wir von Menschen, deren Kind vermisst ist oder ermordet wurde?
Was möchten wir lernen von Menschen, die ihre Gesundheit, ihre Existenz oder jeden Glauben, jede Hoffnung verloren haben?
Was macht es mit uns, wenn wir erleben können, dass das Leben trotz schwerer Schicksalsschläge weitergehen kann? Gibt es uns Trost und Hoffnung? Hilft es uns, die eigenen Probleme zu relativieren, froh zu sein über das, was man hat? Sind wir erleichtert, selbst von einem Schicksalsschlag verschont geblieben zu sein, oder fühlen wir uns besser darauf vorbereitet, wenn das Schicksal im eigenen Leben zuschlägt? Oder suchen wir nach Antworten, die unsere eigene Angst mindern? Vermeiden wir, uns dieses Leid wirklich vorzustellen und mitzufühlen? Versuchen wir, uns auf der Verstandesebene davon zu distanzieren? Gibt es vielleicht sogar Gefühle von Verachtung gegenüber dem menschlichen Leid oder Schuldzuschreibungen, dass es hier jemand nicht besser verdient habe?

Bei einer guten Selbstwahrnehmung können wir beobachten, was wir denken, fühlen, empfinden. Mit entsprechender Achtsamkeit, Übung und Zeit können wir das lernen und weiterentwickeln. Das hilft uns, uns der eigenen Motivationen bewusster zu werden.

Wie viel Mitgefühl kann man aufbringen, wie viel Distanz braucht man?
Wie nahe lässt man etwas an sich heran, wie gut kann man das aushalten?
Kommt man in Kontakt mit Schattenseiten, Ängsten, Schuld- und Schamgefühlen?
Was bleibt als authentischer Kern, wenn die äußeren Schutzhüllen fallen? Welche Verletzlichkeiten werden offenbar? Kommt man dabei auch in Kontakt mit seinen Ressourcen, seinen inneren Kräften?

Bei der Innenschau entdeckt man womöglich unterschiedliche Selbstzustände, die Erinnerungen tragen, Stimmungen beeinflussen. Man kann gefühlsmäßig in die Vergangenheit geraten, weil ein früheres Lebensthema aktiviert wird, auch wenn die reale Situation im Hier und Jetzt sich unterscheidet.

Stellen Sie sich vor, eine Person erhält am Arbeitsplatz vom Vorgesetzten Signale, die sie so übersetzt: »Es gibt keine Grenzen. Ich muss mich unterordnen. Ich fühle mich gezwungen, gegen meine Überzeugungen zu handeln, weil ich sonst den Arbeitsplatz verlieren könnte.«

Ist jemand sehr leistungsorientiert aufgewachsen und musste sich aus Angst vor Bestrafung Autoritäten unterordnen, werden die früheren Erfahrungen zu verstärkten Stressreaktionen führen. Kann dieser Stress längerfristig nicht reguliert werden, werden sich körperliche Beschwerden steigern, das Kontrollerleben schwindet. Wenn die Widerstandskraft nachlässt, kann man sich nicht mehr gut abgrenzen und schützen.

Was könnte in einer solchen Situation die Entwicklungsaufgabe sein? Im ersten Schritt geht es darum, das Lebensthema zu erkennen und den entsprechenden Zeitebenen zuzuordnen. Vielleicht gibt es jetzt andere Möglichkeiten als früher, sich abzugrenzen, weil man nicht mehr so abhängig wie als Kind ist und als erwachsene Person mehr Handlungsspielräume hat. Manchmal braucht es für eine solche Abgrenzung erst einmal Abstand zu der auslösenden Situation. Es kann sein, dass der Körper dafür sorgt, indem er Krankheitssymptome zeigt. Kurzfristig kann das zur Entlastung führen und die Stressreaktionen beruhigen.

Im weiteren Schritt geht es um die Würdigung des früher erlebten Leides, die Entwicklung von Mitgefühl für sich selbst. Wenn man das »innere Kind« trösten und versorgen kann, ist der nächste Schritt die Betrachtung der aktuellen Situation aus der Erwachsenenperspektive. Hilfreich kann der Austausch mit Freunden und Beratern sein, um das Handlungsspektrum zu erweitern und dabei auch soziale Unterstützung zu haben. Das stärkt das Kontrollerleben und holt die Person aus der Opferrolle heraus in eine aktivere Rolle.

Nicht jeder Konflikt wird dabei gelöst. Vielleicht ist die Arbeitsplatzsituation nicht mehr passend und es ist neben der inneren Auseinandersetzung auch eine äußere Veränderung notwendig. Dann geht es darum, nach realistischen Möglichkeiten zu suchen, wobei wiederum Vertrauenspersonen unterstützend wirken können. Man erhält im Sozialkontakt zusätzliche Sichtweisen, Ideen, Modelle, Informationen und Rückmeldungen. Denken und Fühlen werden weiter. Das Selbstvertrauen kann wachsen, man kann wieder in Verbindung mit seinen Kraftquellen kommen oder neue erschließen, was ein weiterer Entwicklungsschritt ist.

Entwicklungsaufgaben brauchen Zeit und Raum. Die einzelnen Schritte können klein sein, wenn erst noch Mut und Kraft aufgebaut werden müssen. Es braucht Geduld und Ausdauer und immer wieder den Kontakt mit sich selbst, damit die einzelnen Schritte umsetzbar sind. Für die Zeitdauer und die Größe der Schritte gibt es keine Norm. Kein Mensch ist wie der andere. Wichtig ist, dass die Person einen Weg vor Augen hat und bei jedem Schritt, so klein er auch sei, Selbstwirksamkeit erfährt. Das setzt voraus, dass hinderliche Denkmuster wie »Ich schaffe es sowieso nicht. Ich habe es nicht verdient« erkannt und verändert werden. Für den Weg braucht es Orientierung, Entschlossenheit, Mut, Kraft, Ausrüstung und unterstützende Begleiter. Das kennen wir auch von Wanderungen oder größeren Reisen.

Vieles entwickelt sich erst auf dem Weg, wenn man mit einer offenen inneren Haltung unterwegs ist, die neue und bessere Erfahrungen zulässt. Solange man neugierig bleibt, ergeben sich Möglichkeiten. Eine zu starke Fixierung auf das Ziel ist nicht hilfreich. Das Leben ist jetzt, Wahrnehmung und Genuss in diesem Moment machen die Lebendigkeit aus. Wenn man zu angestrengt ist, verengt sich der Geist. Oft entwickeln sich Lösungen aus einer gewissen Entspannung heraus, wenn man gar nicht gezielt danach gesucht hat. Gelassenheit ist hilfreicher als Aktionismus mit immer noch mehr Anstrengung und Mühe. Es braucht eine andere Haltung, einen anderen Geist, ein Gefühl von Verbundenheit und die Freiheit, das eigene Leben zu leben. Man möchte dazugehören und sein Potential entfalten können, wozu wiederum fruchtbare Wechselwirkungen in Beziehungen hilfreich sind. Lernprozesse im Gehirn erfolgen, wenn man sich für etwas begeistern kann, etwas unter die Haut geht, ein Funke überspringt. Gute Erfahrungen verbinden den Menschen mit sich selbst und anderen Menschen.

6. Wie bringen wir unsere Bedürfnisse in Einklang mit unserer Umwelt?

Im vorangegangenen Kapitel haben wir uns damit beschäftigt, was unseren Lebenslauf geprägt hat, unter welchen Einflüssen unsere Persönlichkeitsentwicklung stattgefunden hat. Wenn wir uns dieser Vorerfahrungen bewusster geworden sind, haben wir vielleicht auch die eigenen inneren Haltungen klarer erkennen können, sind in Kontakt mit verletzlichen Seiten und Stärken gekommen. Die wirklichen Bedürfnisse zu spüren ist eine Voraussetzung für deren angemessene und gesunde Befriedigung. Entwicklung kann von innen nach außen erfolgen, wenn die Selbstwirksamkeit hoch ist. In diesem Kapitel befassen wir uns näher mit den Wechselwirkungen zwischen dem Individuum und seiner sozialen Umwelt.

Was fühlt sich stimmig an?

Erlebt eine Person ein inneres Gleichgewicht der verschiedenen Bedürfnisse, nennt man das Konkordanz. Besteht hingegen ein Konflikt zwischen verschiedenen Grundbedürfnissen, spricht man von Diskordanz. Darüber hinaus steht jeder Mensch auch noch in Beziehung zu seiner Umwelt. Erhoffte Ziele, Wünsche und Bedürfnisse lassen sich mehr oder weniger realisieren. Gelingt die Umsetzung, erlebt die Person Kongruenz, lassen sich gewisse Sehnsüchte nicht realisieren, erlebt sie Inkongruenz. Sind Konkordanz und Kongruenz gegeben, fühlt sich das stimmig im Innen und in der Wechselwirkung zum Außen an, der Oberbegriff dafür ist Konsistenz. Für Konflikte im Inneren (Diskordanz) und Konflikte zwischen Innen und Außen (Inkongruenz) gibt es den Oberbegriff Inkonsistenz.

Es geht hier um Fragen der Passung und der Stimmigkeit. Gleichgewichte verschieben sich immer wieder und müssen flexibel austariert werden. Das Leben ist nicht statisch, sondern in ständigem Fluss. Wir können uns vorstellen, dass sich ein Mensch nicht wohlfühlt, wenn er sich innerlich zerrissen fühlt und/oder seine Sehnsüchte nicht realisieren kann. Das Erleben von Inkonsistenz führt zu einem Spannungszustand. Werden zugrunde liegende Konflikte überwunden, reduziert sich die Spannung, was als belohnend empfunden wird und zur Ausschüttung von Botenstoffen im Gehirn führt, die wie ein Dünger das Lernen fördern (zum Beispiel Dopamin).

Das zentrale Prinzip ist das Streben nach Konsistenz und die Reduktion von Inkonsistenz. Wenn eine Person die Erfahrung macht, dass eine Droge oder ein Vermeidungsverhalten die Spannung reduziert, wird dieser Prozess gut gelernt. Kann die Ursache für den Spannungszustand nicht behoben werden, übernehmen mitunter Störungen diese Funktion, was zur Krankheit führen kann. Wir haben uns damit im vierten Kapitel ausführlich beschäftigt. Störungen können ein Gleichgewicht schaffen, wenn die Grundbedürfnisse nicht befriedigt werden.

Es erscheint zunächst recht klar und einfach, dass der Mensch nach Schutz und Erfüllung seiner Grundbedürfnisse strebt. Komplizierter wird es, wenn man sich die Vielzahl an möglichen Ungleichgewichten und Konflikten betrachtet, die es innerhalb einer Person (intrapsychisch) und in Beziehung zu anderen Menschen, zu der Gesellschaft mit ihren sich verändernden Strukturen und letztlich zur Welt als Ganzem gibt. Diese Verwirrung nimmt man womöglich bereits bei der Unterscheidung der verschiedenen Begriffe bei sich wahr.

Was wird als stimmig, was als unstimmig erlebt? Das, was vertraut ist, erlebt man als stimmig, solange man es nicht anders kennt. Was nicht vertraut ist, löst zunächst einen gewissen Stress und Gefühle von Unstimmigkeit aus. Solange das Vertraute noch das Gleichgewicht sowohl im Inneren als auch nach außen hält, wird man nichts verändern. Es kann also sein, dass es sich stimmig anfühlt, leistungsorientiert Karriere zu machen, weil es schon in der Kindheit in der Herkunftsfamilie um Motive wie Anerkennung, Status und Erfolg ging. Das Gleichgewicht kann gehalten werden, wenn man gesund ist, finanziell abgesichert, in verlässlichen Beziehungen weiter Anerkennung bekommt.

Was aber passiert, wenn ein bisher beruflich erfolgreicher Mensch plötzlich seine Stelle verliert? Wenn der Druck immer größer wird und der Körper sich mit Symptomen meldet? Wenn der

Erfolg den Preis hat, dass man keine nahen sozialen Beziehungen mehr pflegen kann? Zunächst entsteht ein Inkongruenzerleben, die motivationalen Ziele können nicht mehr angemessen realisiert werden. Die Frage ist, inwieweit der Mensch in seiner Persönlichkeit davon erschüttert wird. Hängt der Selbstwert sehr vom Erfolg ab, wird es auch im Inneren zu Konflikten kommen. Der Selbstwert ist dann nicht mehr geschützt.

Diskordanz entsteht zudem, wenn das Bedürfnis nach Beziehung unbefriedigt bleibt. Bei einer bisher als stimmig erlebten inneren Haltung kann eine äußere Veränderung das innere und äußere Gleichgewicht kippen.

Welche Möglichkeiten der Einflussnahme können wir uns vorstellen? Zunächst wird eine entsprechend sozialisierte Person vermutlich an der vertrauten inneren Haltung des Erfolgsstrebens festhalten. Sie kann sich intensiv um eine neue Stelle bemühen, bis sie dabei Erfolg hat. Wenn die betroffene Person woanders wieder die verlorene Anerkennung findet, muss sie ihr bisheriges Muster nicht ändern. Die äußere Veränderung bedeutet dann keinen Wendepunkt, es findet keine Entwicklung in eine andere Richtung statt.

Doch eine Garantie für einen solchen Erfolg gibt es nicht. Was könnte alternativ passieren? Verringert sich die Wahrscheinlichkeit aufgrund des Alters und der Situation auf dem Arbeitsmarkt, den Erfolg zu halten oder wiederzuerlangen, wird womöglich das bisherige Selbst- und Weltbild infrage gestellt, was die noch zuvor vorhandene Stimmigkeit erschüttert und zu Stress führt.

Was könnten in einer solchen Situation Entwicklungsaufgaben sein? Der Selbstwert müsste anders definiert werden als über die Leistung. Die eigenen Grenzen müssten realisiert und akzeptiert werden. Die erlittenen Frustrationen müssten ausgehalten werden. Im Weiteren müsste man sich neu orientieren, was aber in erster Linie ein innerer Prozess ist, der zu Fragen führt wie:

> Was macht mich als Person aus? Was sind meine wirklichen Bedürfnisse?
> Welche Tätigkeit ist sinnhaft und erfüllt mich?
> Ist weniger mehr?
> Wünsche ich mir mehr Zeit für Dinge, die ich schon lange vernachlässigt habe?

Wo kann ich meine Fähigkeiten einbringen und mich als wirksam erleben?
Wie kann ich mich verbunden fühlen mit Menschen, die mit mir gemeinsam etwas wollen?
Was macht mir Freude?
Welche realistischen Möglichkeiten habe ich, mein Potential zu entfalten?

Vielleicht findet man auf diese Fragen zunächst keine Antwort oder stellt fest, dass es einen Mangel gibt: Man fühlt sich ausgegrenzt, aufs Abstellgleis geschoben. Man wird nicht mehr gebraucht. Bisherige Erfolge zählen nicht mehr. Man ist nicht mehr jung, kann im Rennen nicht mehr mithalten. Man hat die Wahrnehmung für seine körperlichen und seelischen Bedürfnisse verlernt und weiß gar nicht mehr, was das Eigene ist. Ohne neue Erfahrungen wird sich an solchen bitteren Erkenntnissen nichts ändern. Es geht dabei nicht darum, sich noch mehr anzustrengen, sich noch mehr unter Druck zu setzen und so im alten Muster zu verharren. Hilfreich könnte hingegen sein, sich erst einmal Raum und Zeit zu nehmen und sich in Achtsamkeit im Hier und Jetzt zu üben, indem man sich fragt:

Was denke ich? Was fühle ich? Was nehme ich körperlich wahr?

Die Auseinandersetzung mit diesen Fragen kann dazu verhelfen, die Situation möglichst ohne Verurteilung und Bewertung so zu nehmen, wie sie gerade ist. Sie denken, was Sie denken. Sie fühlen, was Sie fühlen, der Körper reagiert und sendet Signale. Wenn es Ihnen schlecht damit geht, können Sie beobachten, wann Stimmungen wechseln, welche Impulse von innen kommen, was Sie am liebsten machen würden, was Sie vermissen, was Sie traurig oder wütend macht. Es gibt kein Richtig oder Falsch.

Vielleicht haben Sie bisher viel Kraft aufgewendet, um all diese Wahrnehmungen nicht an sich heranzulassen. Die Verdrängungskraft kann auch nachlassen, wenn man älter wird, Ressourcen wegbrechen, zusätzliche Belastungen noch mehr Energie kosten. Im fünften Kapitel haben Sie eine Idee davon bekommen, was es bedeuten kann, sich mit der eigenen Geschichte auseinanderzusetzen: Da gibt es Höhen und Tiefen, glückliche Momente und Enttäuschungen, Licht- und Schattenseiten, Erfolge und Frustrationen.

Die Erfahrungen mit anderen Menschen haben Ihren Lebenslauf und Ihre Persönlichkeitsentwicklung wesentlich mitbestimmt. Die Wiederholung ähnlicher Erfahrungen formt die innere Haltung. Ein wirklicher Wandel, eine Transformation braucht andere Erfahrungen. Sich allein über den Verstand zu sagen, dass man jetzt positiv denken möchte, um sich besser zu fühlen, wird nichts bewirken. Neue Haltungen entwickeln sich durch entsprechende Erfahrungen. Was nicht unter die Haut geht, nicht über das Gefühl erlebt wird, wird im Gehirn nicht entsprechend vernetzt, um die alten Muster und Netzwerke zu verändern. Überzeugend können neue Einstellungsmuster nur sein, wenn sie realistisch sind, wenn sie sich hilfreich und stimmig anfühlen, weil sie den tatsächlichen Erfahrungen entsprechen. Bei der Stimmigkeit gilt es zu überprüfen, ob diese eher von dem herrührt, was vertraut ist, oder von dem, was man als das Eigene entwickelt, was sich von alten Mustern abgrenzt.

Wie kann man den Blick weiten, sich öffnen für neue Erfahrungen? Vielleicht dadurch, dass man erst einmal nichts Bestimmtes macht, nicht gleich Ziele verfolgt. Es kann schon helfen, sich nicht weiter selbst im Weg zu stehen. Wir richten unsere Aufmerksamkeit immer nur auf einen kleinen Teil und sehen das, was wir kennen. Mit dem, was wir bisher nicht gesehen und erkannt haben, rechnen wir nicht.

Stellen Sie sich ein Gewässer vor: Ist es unruhig und aufgewühlt, verteilt sich der Schlamm und es wird undurchsichtig. Wird das Wasser ruhig, klärt es sich, irgendwann kann man bis auf den Grund sehen.

Neurobiologisch gedacht geht es gerade nicht darum, auf der »Autobahn« im Gehirn noch mehr Gas zu geben und mit Scheuklappen starr in die eine Richtung weiterzufahren. Wenn der Stress hoch ist, verfolgen wir oft diese Strategie, die höchstens noch kurzfristig wirkt, bis die Energie ausgeht. Die Seitenwege zu erkunden, die noch nicht ausgebaut und gebahnt sind, kostet erst einmal Mühe. Man braucht Orientierung in diesem Dickicht und Gestrüpp, denn man betritt unbekanntes Terrain. Um sich dieser Herausforderung zu stellen, muss man sich stärken mit Vertrauen, Mut, Kraft und Entschlossenheit. Diese Stärken kann man im

Inneren mobilisieren. Als soziale Wesen brauchen wir Menschen aber auch die Möglichkeit, Unterstützung zu bekommen, Vertrauen zu entwickeln, wirksam zu werden.

Was passt?

Betrachten wir nun den äußeren Rahmen, in dem wir leben, und untersuchen wir, inwieweit die Umgebung die lebensnotwendigen Ressourcen zur Verfügung stellt:

Habe ich die Möglichkeit, meine vitalen Bedürfnisse zu befriedigen? Wenn nicht: Kann ich Krankheit als Passungsverlust im Zusammenwirken von Organismus und Umwelt verstehen?
Bedeutet Gesundheit die Fähigkeit, sowohl Widerstandskraft als auch flexible Anpassung trotz widriger Bedingungen zu entwickeln?
Wie kann ein Gleichgewicht erreicht werden, indem ich die mir zur Verfügung stehenden Ressourcen nutze? Wo gibt es hier Grenzen?
Wir Menschen bewegen uns in einem steten Wechsel zwischen Gesundheit und Krankheit. Wie kann ich das beeinflussen?
Wie ist es um mein Entwicklungspotential bestellt? Welches sind meine Entwicklungsziele? Was will ich werden? Was kann ich? Und was will und kann ich lernen?

Bei den weiteren Fragen spielt die Passung mit der Umwelt eine entscheidende Rolle:

Was sind die Entwicklungsanforderungen an mich, was soll ich können?
Welche Entwicklungsangebote stehen mir als Ressourcen zur Verfügung?

Geht es beispielsweise um die berufliche Entwicklung, kann man sich nach der Schulausbildung fragen, was man werden möchte, welche Motivationen und Fähigkeiten man für diesen Beruf mitbringt. Dann kommen die Anforderungen von außen ins Spiel: Welche Voraussetzungen muss man erfüllen (zum Beispiel einen bestimmten Schulabschluss oder eine besonders gute Abiturnote)? Hat man diese drei Probleme gelöst (man weiß, was man will und kann und erfüllt die Anforderungen), gibt es noch den vierten Schritt: Die Umwelt muss entsprechende Entwicklungsangebote machen (zum Beispiel einen Studien- oder Ausbildungsplatz).

Das Sich-Klarwerden über die Ziele und das Potential erfordern eigene Entwicklungsschritte. Die Frage nach Anforderungen und Angeboten macht die Auseinandersetzung mit der Umwelt notwendig. Dabei kann es zu Passungsproblemen kommen.

Die Bewältigung von Passungsproblemen wird als Passungskompetenz bezeichnet. Von Beginn unseres Lebens an entwickeln wir die Fähigkeit, die eigenen Bedürfnisse mit den zur Verfügung stehenden Mitteln mehr oder weniger zu befriedigen. Gelingen die Austauschprozesse zwischen Mensch und Umwelt, erleben wir Stimmigkeit, es entsteht ein Gefühl von Sinnzusammenhang.

Wo kann es zu Störungen dieser Austauschprozesse kommen? Das kann schon im Mutterleib unter den Einflüssen von Stressfaktoren bei der Mutter beginnen. Fehl- oder Mangelernährung beziehungsweise Konsum von schädlichen Substanzen, denen das ungeborene Kind ausgesetzt wird, können eine Rolle spielen. Auch ohne fassbaren äußeren Grund gibt es Schwangerschaftskomplikationen und Frühgeburten, deren Folgen Anpassungsleistungen erforderlich machen.

Auf welche Weise ein Mensch versucht, mit der Situation zurechtzukommen, hängt von vielen Faktoren ab: Was hält der Körper aus? Was macht der medizinische Fortschritt möglich? Wie sind die eigenen Bewertungen, was wird vom sozialen Umfeld vermittelt? Wie steht das in Wechselwirkung? Die Herausforderungen setzen sich fort in der Herkunftsfamilie, in den Beziehungen zu den Bezugspersonen, im sozialen Umfeld der Kindergarten- und Schulzeit bis in das heutige Leben.

Werden Passungsprobleme gut bewältigt, entwickelt sich zunehmend Passungskompetenz. Diese beinhaltet Vertrauen in sich und andere, Erfahrungen von Selbstwirksamkeit, aber auch sozialer Unterstützung. Über Passungskompetenz verfügt, wer sich trotz Schwierigkeiten verbunden und angenommen fühlt, wer den Eindruck hat, den eigenen Weg gehen zu dürfen, ohne vereinnahmt zu werden. Man kann die im letzten Kapitel beschriebenen Lebensgeschichten betrachten und wird dabei auf Passungsprobleme stoßen, wo es teilweise noch nicht zu einer guten Bewältigung gekommen ist in Richtung seelischer Gesundheit. In ähnlicher Weise können wir den Blick auch auf unsere eigene Lebensgeschichte richten:

Wenn ich meine eigene Lebensgeschichte in den Blick nehme und einzelne Lebensphasen durchgehe und diese von Kindheit und Jugend über das junge Erwachsenenalter bis zur Jetztzeit vor meinem inneren Auge ablaufen lasse oder wenn ich einzelne Schlüsselszenen erinnere:
Welche Passungsprobleme gab es?
Habe ich Anpassungsversuche unternommen? Oder habe ich eher rebelliert?
Gehe ich meinen eigenen Weg?

Vielleicht stellt man fest, dass es zumindest in bestimmten Bereichen eine Passung gab oder gibt, dass man zum Beispiel eine stabile Partnerschaft erlebt oder der berufliche Werdegang zufriedenstellend bis erfüllend ist. Bei manchen Menschen geben Religion und Glaube den nötigen Halt und Lebenssinn, um auch schwere Schicksalsschläge zu ertragen.

In der Wochenzeitung »Die Zeit« wurden am 23. Dezember 2014 »Drei wundersame Weihnachtsgeschichten aus dem Hier und Jetzt« unter der Überschrift: »Wenn du glaubst, es geht nicht mehr …« präsentiert. Sie sollen hier frei nacherzählt werden:

Die erste Geschichte handelt von einer 46-jährigen ledigen orthodoxen Christin, Lehrerin für Geschichte und Geografie, die im August 2012 aus ihrer Heimatstadt Aleppo geflüchtet war. Schon Wochen zuvor waren Bomben auf ihre Schüler gefallen. Die Frontlinie war so nahe gerückt, dass sie fliehen musste, ohne sich von ihrer Familie verabschieden zu können. Die Eltern hatten ihr zuvor aufgetragen, beim Eintreten einer solchen Situation ihr Leben zu retten, wozu sie selbst nicht mehr die Kraft hatten.

Über gefährliche Wege gelangt die Lehrerin nach Schweden, in einen Vorort von Stockholm, und merkt dort, dass sie den Krieg gegen die Einsamkeit getauscht hat. Über zwei Jahre lebt sie als Flüchtling, der noch nicht angekommen ist.

Als sie Asyl bekommt, beginnt sie den obligatorischen Schwedischkurs, ist wieder fleißige Schülerin, findet aber keine Gelegenheit, die neue Sprache zu sprechen, da sie keine Schweden kennt. Weit vom Zentrum entfernt bleiben die Flüchtlinge unter sich. Wer sich integrieren will, hat es schwer. Sie arbeitet als Putzfrau, in Stockholm einen Cappuccino zu trinken, wäre unbezahlbar. Dann erhält sie von ihrer Schwedischlehrerin eine Nachricht mit einer Essenseinladung. Diese selbsternannte »Einladungsministerin« hatte die Idee, Einheimische und Einwanderer beim gemeinsamen Essen zum Reden zu bringen, und verbreitete diese Gedanken über die Medien. Durch die Vermittlung der Sprachlehrerin findet die Syrerin Anschluss, erzählt auf Nachfrage von der Geschichte ihres Landes und erhält die Würde der Geschichts- und Geografielehrerin zurück, die sie einmal war.

In der zweiten Geschichte geht es um einen Mann, der heiraten wollte und stattdessen im Unfallkrankenhaus erwachte. An seinem Polterabend hatten Freunde ein Gerüst aufgebaut und ihn, der unter Höhenangst litt, als »Spaß unter Jungs« an einem Abschleppseil nach oben gehievt. Mehr als sieben Meter über dem Boden reißt das Seil, er bricht sich Becken und Hände, ein Knie ist zertrümmert.

Eineinhalb Jahre verbringt er in Kliniken. Zuvor waren Sport und die Bewegung fast alles in seinem Leben. Zusammen mit seiner Physiotherapeutin übt er unter Mühen und Schmerzen. Ein Sportorthopäde operiert sein Knie besser als erwartet. Er schafft es, wieder zu gehen. Was macht er jetzt mit 50 Jahren? Seinen Beruf als Postbote hat er aufgegeben. Fußballverrückt sei er schon immer gewesen. Er trainiert kleine Fußballvereine mit erstaunlichem Erfolg, setzt sich persönlich für jeden Spieler ein. Der Unfall nimmt in seinem Kopf immer noch großen Raum ein. Aber er hat sich dort in etwas Positives verwandelt. Seiner Mannschaft vermittelt er, nie aufzugeben.

Die dritte Geschichte handelt von einer 83-jährigen Spanierin, die immer noch in ihrem kleinen Geburtsort wohnt. Als junges Mädchen kellnerte sie in einem Restaurant, lernte ihren Mann kennen. Die beiden bekamen einen Sohn, der an Muskelschwund litt. Ein weiterer Sohn ist körperlich und geistig schwer behindert. Der erste Sohn starb mit 20 Jahren an seiner Krankheit, wenige Jahre später der Mann an den Folgen eines Schlaganfalles.

Seit 20 Jahren lebt die Frau allein mit ihrem behinderten Sohn, der selbst fast schon ein alter Mann ist. Beinahe jeden Tag ihres Lebens geht sie in die Kirche. Sie sagt, sie sei mit jedem Schicksalsschlag gläubiger geworden. In der Kirche hängt ein Jesusbild, das vor fast 100 Jahren mit Ölfarben auf die feuchte Wand gemalt worden war. Es stammt von einem spanischen Maler, der mit seinem antiken Stil nicht mehr angesagt war.

Die Frau liebt dieses Bild seit ihrer Kindheit, es schmerzt sie, dass das Bild gealtert ist und die Farben verblasst sind. Sie hat schon immer gern gemalt und fasst den Entschluss, das Jesusbild zu retten und es selbst zu restaurieren. Aufgrund der feuchten Wand zerläuft die Farbe, Jesus mit der Dornenkrone sieht aus wie ein Igel. Sie schämt sich, tröstet sich aber damit, dass es nicht weiter auffallen wird, da die Kirche fast immer leer ist. Dem Hausmeister sagt sie, dass ihr ein kleines Unglück passiert sei. Dann fährt sie für zehn Tage in Urlaub. Während dieser Zeit findet ein Sommerfest auf dem Platz vor der Kirche statt, an dem auch der Bürgermeister und der Kulturbeauftragte des Dorfes teilnehmen. Der Hausmeister sagt den beiden, er wolle ihnen etwas zeigen.

Beim Anblick des »Igel-Jesus« empört sich der Kulturbeauftragte, macht ein Foto und stellt es zusammen mit dem Foto des ursprünglichen Bildes ins Internet. Die Enkelin des Künstlers meldet sich beim Bürgermeister und kündigt an, sie werde vor Gericht gehen. Im Internet folgt ein Shitstorm. Radio- und Fernsehsender kommen aus ganz Spanien in das Dorf.

Währenddessen befindet sich die 83-jährige Spanierin in ihrem Urlaubsquartier, zwei Stunden von ihrem Heimatdorf entfernt ohne Telefon oder Handy. Bei ihrer Rückkehr sieht sie überall die Fernsehteams und denkt, dass etwas Schlimmes passiert sein müsse. Ihre Schwester läuft ihr entgegen mit den Worten: »Sie sind deinetwegen hier, ich glaube, du musst ins Gefängnis!«

Die Frau schließt sich in ihre Wohnung ein und isst kaum noch etwas, später spricht sie von den schlimmsten Wochen ihres Lebens, sie habe sich wie eine Verbrecherin gefühlt. Weder der Tod ihres ersten Sohnes, noch der Tod ihres Mannes oder das Schicksal ihres behinderten Kindes sei so unerträglich gewesen wie diese Wochen der Schande.

Wie ging es weiter? Irgendwann fing die Netzgemeinde an, den Igel-Jesus süß zu finden, aus dem Shitstorm wurde ein Goodstorm. Touristen wollten das Dorf und den Igel sehen, neue Restaurants öffneten und die Hotels hatten wieder Gäste. Das von der Wirtschaftskrise gebeutelte Dorf erlebte einen Aufschwung. Statt die Frau zu verklagen, wurde nun ein Schutzrahmen um den Igel-Jesus gebaut. Auch die Enkelin des Malers wollte nicht mehr vor Gericht, weil ihr Großvater jetzt berühmt geworden war und sich seine Bilder in der ganzen Welt verkauften. Tausendfache Häme war in Sekundenschnelle in millionenfachen Beistand umgeschlagen. Weshalb, das kann kein Internet-Soziologe begreiflich machen.

Drei ganz unterschiedliche Lebensgeschichten, in denen wir mitverfolgen können, wie Menschen sich aus zum Teil lebensbedrohlichen Situationen »herausgearbeitet« haben, was durchaus mit viel Leid verbunden war und ist. Die Entwicklungen sind auf Ressourcen der beschriebenen Personen zurückzuführen, die sie aber auch erst aufgrund ihrer Lebenserfahrung erworben haben, in der Beziehung zu anderen Menschen. Diese Erfahrungen haben ihre inneren Haltungen geprägt.

In jeder dieser Geschichten gibt es ein intensives Wechselspiel mit dem sozialen Umfeld, aber auch den Umweltbedingungen. Jeder Mensch braucht die Resonanz, sonst wäre er wie ein Geiger ohne Violine, wie ein Gärtner ohne Pflanzen. Vereinsamung und Isolation können existentiell bedrohlich werden, das wird in der ersten Geschichte deutlich. Die Syrerin flüchtet aus der Gefahr, kämpft um ihr Leben, bringt sich in äußere Sicherheit. Sie macht das nicht im Alleingang, fühlt sich emotional unterstützt durch ihre Familie, die sie verlassen muss. In Schweden fehlen ihr die persönlichen Beziehungen und Bindungen, was sich durch die Unterstützung der Sprachlehrerin ändert. Das erlebte Leid bleibt bestehen, aber es kommt Trost hinzu. Die Hoffnung erwacht, dass man in der Beziehung zu Menschen, die einen begleiten, seinen Weg weitergehen kann.

In der zweiten Geschichte werden durch den Unfall alle Pläne des Betroffenen zunichtegemacht. Aus einer ausgelassenen Feier wird eine Tragödie. Bemerkenswert ist, dass die beschriebene Person sich nicht darauf fixiert hat, die Freunde, die ihn am Seil hochgehievt haben, für sein ganzes Leid zur Verantwortung zu ziehen. Er lernt, seine Situation anzunehmen und aktiv Einfluss zu nehmen. Dabei helfen ihm Ärzte, Therapeutinnen, Freunde. Er besinnt sich auf seine Fähigkeiten und Interessen und findet realistische Möglichkeiten, diese mit anderen Menschen zusammen umzusetzen. Sein Leben hat eine Wandlung erfahren, die er sich nicht ausgesucht hat und für die er auch nichts kann. Nachdem erst nichts mehr gepasst hat, hat er eine neue Passung gefunden, ein gelingendes und erfülltes Leben zu führen.

Bei der dritten Geschichte kann man gleichzeitig lachen und weinen. Die Resonanz im Internet lässt sich wohl auch darauf zurückführen, dass so viele Gefühle ausgelöst werden. Wenn man vom Schicksal der alten Frau erfährt, erahnt man viel ertragenes Leid, das aber nie dazu geführt hat, dass sie ihren Glauben und ihre Würde verloren hätte. Mit den besten Absichten möchte sie das Jesusbild retten und muss dann so viel Häme ertragen. Wäre es nicht zu einer Wandlung in den Reaktionen gekommen, hätte sie sich womöglich von den Erschütterungen nicht mehr erholt. Für sie waren die Anschuldigungen schwerer zu ertragen als das ihr auferlegte Schicksal. Ihr bisheriges Leben war von einer hohen Selbstwirksamkeit geprägt, ihre Kraft zog sie wesentlich aus dem Glauben. Dem Shitstorm gegenüber fühlte sie sich ausgeliefert, zum Schutz zog sie sich komplett zurück. Es war nicht damit zu rechnen, dass die Reaktionen umschlagen, das haben die Wissenschaftler bestätigt. Dem Zeitungsbericht zufolge glaubt die Frau, »dass es ohnehin keine Erklärung gibt, weil nur Gott dafür gesorgt haben kann, dass die Menschen ihre Malerei auf einmal lieben. Wie könnte es auch anders sein? Schließlich sei der Igel-Jesus ›das hässlichste Bild, das ich je gemalt habe‹.«

Die Passungskompetenz findet in Aspekten von Salutogenese und Resilienz ihren Ausdruck. Mit der Frage, was Menschen gesund hält und ihre Widerstandskraft stärkt, werden wir uns im Folgenden beschäftigen.

Was hält gesund?

Aaron Antonovsky (1923–1994), ein israelisch-amerikanischer Professor der Soziologie mit eigenen KZ-Erfahrungen, wird als geistiger Vater der Salutogenese betrachtet. Im Rahmen seiner Studien beschäftigte er sich mit Menschen, die Konzentrationslager überlebt haben und von denen sich einige trotz extremer Stressoren seelisch stabil zeigten. In den 1970er-Jahren entwickelte Antonovsky sein Konzept der Salutogenese, 1979 veröffentlichte er das Buch »Health, stress and coping«, das große Aufmerksamkeit erregte.

Menschen haben einen Sinn für Kohärenz, für einen stimmigen Zusammenhang. Das Kohärenzgefühl entsteht durch Beziehungen, durch zwischenmenschliche Kommunikation. Der soziale Austausch ist wesentlich, um ein Kohärenzgefühl zu erzeugen. Was beinhaltet dieses Kohärenzgefühl? Es geht um ein andauerndes und gleichzeitig dynamisches Gefühl des Vertrauens darauf, dass sich innere und äußere Reize in einen Zusammenhang einordnen lassen, dass einem die nötigen Ressourcen zur Verfügung stehen, um den Anforderungen zu begegnen. Wichtig ist dabei die Überzeugung, dass es Herausforderungen sind, für die sich Anstrengung und Engagement lohnen.

Kohärenz ist das Gefühl, dass es einen Sinnzusammenhang im Leben gibt, dass das Leben nicht einem unbeeinflussbaren Schicksal unterworfen ist. Wir wissen, dass je nach sozialem Umfeld und Umwelt die zur Verfügung stehenden Ressourcen ganz unterschiedlich sein können. Inwieweit ist der Mensch fähig, die ihm gebotenen Ressourcen so zu nutzen, dass er seelisch gesund bleibt? Dabei ist Gesundheit nicht als Zustand, sondern als Prozess zu verstehen.

Menschen suchen nach einer heilsamen Passung, in der die Bedürfnisse nach Bindung und Freiheit gleichermaßen befriedigt werden. Es geht dabei um Beziehungserfahrungen, die liebevoll und tröstend sind und akzeptable Grenzen setzen.

Das Salutogenesemodell von Antonovsky umfasst folgende drei Aspekte:

- Der kognitive Aspekt ist die Verstehbarkeit.
- Der pragmatische Aspekt ist die Handhabbarkeit.
- Der emotionale Aspekt ist die Sinnhaftigkeit.

Es geht also um die Fähigkeit, die Zusammenhänge des Lebens zu verstehen, um die Überzeugung, dass man das eigene Leben gestalten kann, und um den Glauben, dass das Leben einen Sinn hat.

Was stärkt die Selbstheilungskräfte und ist heilsam? Das Verstehen von Zusammenhängen setzt voraus, dass man ein klareres Bewusstsein für Ursprünge, Hintergründe und aufrechterhaltende Bedingungen des problematischen Erlebens und Verhaltens entwickelt. Es geht um eine Klärung der hinter dem Erleben stehenden Motivationen und inneren Muster. Das hilft bei der Orientierung in Bezug auf Leidensdruck und Veränderungsbereitschaft.

Mit Handhabbarkeit sind die Gestaltungsmöglichkeiten gemeint. Nötig ist eine Ressourcenaktivierung innen und außen. Für die Problembewältigung braucht es positive Erfahrungen im Umgang mit den Belastungen.

Der Glaube an die Sinnhaftigkeit ist womöglich am schwersten fassbar. Wenn wir etwas über den Verstand erfassen, geht das nicht unmittelbar in ein Gefühl über. Es braucht dafür eine direkte Erfahrbarkeit, beispielsweise durch intensives Erzählen, Imaginationsübungen, Rollenspiele, körpertherapeutische Elemente, Entspannung, Bewegung, Musik, Kunst, Meditation. Vieles davon spielt sich in Beziehungen ab. So wie das Instrument der Resonanzkörper für den Musiker ist, entfaltet die Musik darüber hinaus eine Wirksamkeit bei den Zuhörern.

Passungskompetenz, Salutogeneseaspekte und seelische Widerstandskraft stehen in enger Beziehung zueinander. Letztere nennt man in der Fachsprache »Resilienz«. Sie umfasst Grundeigenschaften wie Selbstvertrauen, Gestaltungswillen, Entschlusskraft und Verantwortungsübernahme, außerdem Lust an der Herausforderung und am Erfolg. Resiliente Menschen haben Ziele, die das Leben sinnvoll erscheinen lassen.

Was stärkt die Widerstandskraft?

Der Begriff »Resilienz« ist der Werkstoffphysik entlehnt. Er bezeichnet die Eigenschaft eines elastischen Materials, wie zum Beispiel Gummi, nach Momenten extremer Spannung wieder unversehrt zurückzuschnellen. In unserem Zusammenhang ist die seelische Widerstandsfähigkeit gemeint. Aus der Resilienzforschung bekannte Faktoren sind:

- Optimismus, der dazu führt, dass der Betroffene die Hoffnung auf eine Besserung der Situation nicht aufgibt;
- Akzeptanz dessen, was nicht zu ändern ist;
- Lösungsorientiertheit;
- Verlassen der Opferrolle;
- Übernahme von Verantwortung;
- Netzwerkorientierung nach dem Motto »Gemeinsam ist man weniger allein«;
- eine Zukunftsplanung, bei der man Schritt für Schritt vorgeht und sich erreichbare Etappenziele setzt.

Es gibt Menschen, die durch Verletzungen, Schicksalsschläge und »Passungsverluste« ihre wahre Stärke finden, sich weiterentwickeln und wachsen. Unter widrigen Bedingungen, an denen andere zerbrechen, kann es schon viel bedeuten, zu überleben und irgendwie weiterzuleben.

An dieser Stelle möchte ich Ihnen das Märchen von der Palme erzählen:

Durch eine Oase ging ein finsterer Mann, Ben Sadok. Er war so gallig in seinem Charakter, dass er nichts Gesundes und Schönes sehen konnte, ohne es zu verderben. Am Rand der Oase stand ein junger Palmbaum in bestem Wachstum. Der stach diesem finsteren Mann in die Augen. Da nahm er einen schweren Stein und legte ihn der jungen Palme in die Krone. Mit einem bösen Lachen ging er weiter.

Die junge Palme schüttelte und bog sich und versuchte, die Last abzuschütteln. Vergebens. Zu fest saß der Stein in der Krone. Da krallte sich der junge Baum tiefer in den Boden und stemmte sich gegen die steinerne Last. Er senkte seine Wurzeln so tief, dass sie die verborgene Wasserader der Oase erreichten, und stemmte den Stein so hoch, dass die Krone über jeden Schatten hinausstrahlte. Wasser aus der Tiefe und die Sonnenglut aus der Höhe machten eine königliche Palme aus dem jungen Baum.

Nach Jahren kam Ben Sadok wieder, um sich an dem Krüppelbaum zu freuen, den er verdorben hatte. Er suchte vergebens. Da senkte die stolzeste Palme ihre Krone, zeigte den Stein und sagte: »Ben Sadok, ich muss dir danken, deine Last hat mich stark gemacht.«

Ist Resilienz etwas Angeborenes oder kann man sie erwerben? Bedeutsam neben den Persönlichkeitseigenschaften ist die Erfahrung von Geborgenheit, wozu es in der Persönlichkeitsentwicklung mindestens einer verlässlichen Bezugsperson bedarf. Es sind die Wechselwirkungen zwischen einem Menschen und seiner Umwelt, die Entwicklungen begünstigen oder erschweren.

Schauen wir uns die Resilienzfaktoren genauer an.

Optimismus

Da ist zunächst die optimistische Grundhaltung, die Hoffnung, dass es weitergehen kann. Dies ist die Voraussetzung dafür, dass man nicht aufgibt. Sie kennen Sätze wie: »Ich habe nichts mehr zu verlieren. Ich kann nur noch gewinnen.« Man kann sich darauf besinnen, wie man bisherige Lebenskrisen überstanden hat. Die folgende Übung kann Ihnen helfen, eine belastende Alltagssituation optimistischer anzugehen und zu bewältigen, indem Sie vorhandene Ressourcen wieder verfügbarer machen:

Stellen Sie sich die belastende Alltagssituation vor. Schätzen Sie auf einer Skala von 0 (gar nicht) bis 10 (extrem) ein, wie stark Sie die Belastung empfinden.
Wo spüren Sie die Belastung im Körper? Wie fühlt sich die Belastung an (zum Beispiel Druck auf der Brust oder im Bauch, Schmerzen im Nacken)?
Welche Fähigkeiten bräuchten Sie, um diese Belastung zu reduzieren? Versuchen Sie drei zu finden, die für die Situation hilfreich wären, zum Beispiel *Mut*, *Selbstvertrauen*, *Abgrenzungsfähigkeit*.
Wann in Ihrem Leben hatten Sie jeweils diese Fähigkeiten zur Verfügung? Es geht im Folgenden jeweils um eine konkret erlebte Situation aus Ihrem Leben.

- *Mut:*
  Wann haben Sie sich als mutig erlebt? Gibt es eine Schlüsselszene, in der das für Sie spürbar wird? Stellen Sie sich die Situation mit der Schlüsselszene so intensiv wie möglich vor: Was war der Gesamtzusammenhang? Was war damals das Problem, was war mutig von Ihnen?
  Können Sie den Mut im Körper spüren? Wie macht sich diese Fähigkeit bemerkbar? Was verändert sich im Körper und im Gefühl, wenn Sie daran denken? Kommen Sie in Kontakt mit dieser Ressource?
- *Selbstvertrauen:*
  Gab es eine Phase, eine Situation in Ihrem Leben, in der Sie besonderes Vertrauen in sich und Ihre Fähigkeiten hatten? Wie war die Situation, wie haben Sie diese bewältigt? In welcher Schlüsselszene wird das Selbstvertrauen spürbar? Gibt es dazu Körperempfindungen? Verändert sich bei der Vorstellung etwas?
  Versuchen Sie in Kontakt zu kommen und dem nachzuspüren. Wenden Sie sich dann der dritten Fähigkeit zu, beispielsweise der Abgrenzungsfähigkeit.

- *Abgrenzungsfähigkeit:*
  Wann in Ihrem Leben konnten Sie sich in einer schwierigen Situation erfolgreich abgrenzen? In welcher Schlüsselszene wird das besonders deutlich? Machen Sie das unmittelbar erfahrbar, indem Sie sich die Szene intensiv vorstellen, in Kontakt mit Gefühl und Körperempfinden gehen, also mit dem, was zu einer lebendigen Erinnerung gehört. Sind Sie in Kontakt mit Ihrem Abgrenzungsvermögen?

Wenn Sie zu allen drei Fähigkeiten jeweils eine passende Situation gefunden haben und damit in Kontakt gekommen sind, können Sie noch einmal auf die belastende Alltagssituation, mit der wir begonnen haben, schauen. Gehen Sie dabei in Kontakt mit den verfügbaren Ressourcen.
Wie belastend fühlt sich das aktuelle Problem jetzt an?
Schätzen Sie die Belastung wieder mit einer Zahl auf der Skala von 0 (gar nicht) bis 10 (extrem) ein. Wenn sich die subjektiv erlebte Belastung reduziert hat, machen Sie sich bewusst, dass das Potential in Ihnen liegt, dass Sie es mobilisieren können, das versteht man unter Selbstwirksamkeit.

Die innere Haltung hat viel mit der eigenen Lebensgeschichte, den Erfahrungen und Bewertungen zu tun. Optimismus heißt nicht, die schlechten Erfahrungen auszublenden, sich die Dinge schönzureden. Das drückt übrigens auch der Satz »Humor ist, wenn man trotzdem lacht« aus. Mit beiden Augen sehen bedeutet, sich bewusst mit dem zu beschäftigen, was gut war, was geholfen hat, wie Belastendes bisher bewältigt wurde oder was bisher gefehlt hat. Dann müsste man sich um den Mangel kümmern (zum Beispiel durch Selbstfürsorge und das Bemühen um soziale Unterstützung).

Akzeptanz

Lassen wir den zweiten Resilienzfaktor auf uns wirken: Akzeptieren, was nicht zu ändern ist.

Was heißt Akzeptieren und wie findet man heraus, ob eine Veränderung möglich ist? Akzeptieren bedeutet, etwas anzunehmen, und nicht, das Erfahrene gutzuheißen. Nach Trennungen, Todesfällen, Verletzungen oder auch im Zusammenhang mit bedrohlichen Erkrankungen geht es zunächst darum, das Leid zu würdigen.

Manchmal braucht es Zeit, bis man wirklich an sich heranlässt, was passiert ist, und sich der Frage stellt, was das für das eigene Leben bedeutet.

Zu realisieren, dass man etwas unwiederbringlich verloren hat oder das Vertrauen in sich, den eigenen Körper oder in andere Menschen erschüttert wurde, tut weh. Den Schmerz auszuhalten, ohne darin zu versinken oder zu verzweifeln, ist eine Herausforderung, der man sich erst einmal stellen muss. Weitere Entwicklungsaufgaben betreffen das Finden eines neuen Gleichgewichtes, wobei es darum geht, das Leid zu lindern und nicht noch zu vergrößern. In diesem Prozess wird man sich auch Fragen stellen wie: Hätte man das Geschehene verhindern können? Kann man jetzt noch aktiv Einfluss nehmen? Wie soll man damit weiterleben?

Ein inzwischen fast 50-jähriger Mann hat als Kind im Vorschulalter erlebt, dass seine fünf Jahre ältere Schwester ermordet und der Täter nicht gefasst wurde. Als Jugendlicher musste er den Krebstod des Vaters verkraften, der ihm auf dem Sterbebett noch den Auftrag gab, weiter nach dem Täter zu suchen. Die Mutter wurde mit den Verlusten von Tochter und Mann nicht fertig. Die mangelnde Verarbeitung führte bei ihr zu Verhaltens- und Wesensänderungen: Sie spaltete viele für sie nicht erträgliche Gefühle aus ihrer Wahrnehmung ab, wurde dem Sohn gegenüber aggressiv und ungerecht.

In seiner weiteren Entwicklung konzentrierte sich der Mann auf seine Fähigkeiten und Leistungen und spezialisierte sich im technischen Bereich. Gleichzeitig verfolgte er die Ermittlungen der Polizei weiter, sorgte dafür, dass der Fall nicht zu den Akten gelegt wurde.

Von außen betrachtet ist sein Verhalten folgerichtig und nachvollziehbar. Wenn da nicht noch das unverarbeitete Leid des kleinen Jungen wäre, der mit der älteren Schwester eine seiner wichtigsten Bezugspersonen verloren hatte. Der Mann litt unter depressiven Phasen und ausgeprägten Symptomen einer Posttraumatischen Belastungsstörung (Wiedererleben, Vermeidungsverhalten, anhaltende Stressreaktion). Er fand keine Ruhe, solange der Täter nicht zur Rechenschaft gezogen werden konnte. Gefühlsmäßig geriet er immer wieder in das Erleben des Jungen in der früheren traumatischen Situation, was als dissoziative Störung einzuordnen ist im Sinne einer Traumafolgestörung.

Was könnte das Leid des Mannes lindern? Der grausame Tod der Schwester ist unwiderruflich. Es kann sein, dass der Täter trotz aller Bemühungen nie gefasst wird. Das zu realisieren, ist ein Verarbeitungsschritt. Um den Schmerz auszuhalten, braucht es soziale Unterstützung durch Menschen, zu denen erst ein Vertrauensverhältnis aufgebaut sein muss. Es geht darum, sich um den früheren Mangel an Zuwendung zu kümmern, sich zu entlasten und zu trösten. Dazu ist es wichtig, sich mit seinem Leid angenommen und verbunden zu fühlen. Wünschenswert wäre es auch, dass es dem Betroffenen gelingt, das eigene Leben nicht nur der Aufgabe zu widmen, den Mörder zu finden, sondern sich selbst eine Lebensberechtigung zuzugestehen – auch angesichts der Tatsache, dass der Schwester das Leben genommen worden war.

Sinnhaft ist, was dem Leben dient. Das Leid kann gelindert werden, wenn es gewürdigt und angenommen wird, wenn es einen Trost gibt, um es aushaltbarer zu machen, und neue Beziehungserfahrungen die Hoffnung nähren, dass das eigene Leben wertvoll ist und gelebt werden darf.

Lösungsorientiertheit

Wenden wir uns einem weiteren Resilienzfaktor zu, der Lösungsorientiertheit. Zugrunde liegende Probleme müssen erst einmal erkannt und verstanden werden. Es braucht eine gewisse Klarheit in Bezug auf die bestimmenden Einflussfaktoren. Wenn man eine Belastung beschreiben kann, ist sie dem Bewusstsein zugänglich und damit beeinflussbar. Nicht für jedes Problem wird man *die* Lösung finden, wohl aber Möglichkeiten der Bewältigung. Das ist mit der Handhabbarkeit, der Gestaltungsfähigkeit in Antonovskys Salutogenesemodell gemeint.

Bei der Lösungsorientiertheit spielen Entschlossenheit und Motivationen eine wesentliche Rolle. Was bedeutet eine gelungene Problembewältigung? Welches Ziel soll erreicht werden? Was steht an Ressourcen zur Verfügung? Was fehlt noch? Die Veränderung bisheriger Denkmuster und Verhaltensweisen erfordert die innere Auseinandersetzung. Manchmal ist es der Leidensdruck, dass es so nicht weitergehen kann. Altes zu verabschieden und Neues zu definieren, das sind aktive Prozesse.

Eine Frau Anfang 60 erhält eine Krebsdiagnose. Die vorgeschlagene Behandlung umfasst Operation, Chemotherapie und Bestrahlung. Nach ausführlicher Beratung mit Ärzten und Angehörigen entschließt sie sich für diesen Weg. Noch bevor ihr als Nebenwirkung der Chemotherapie die Haare ausfallen, lässt sie sich diese kurz schneiden und sucht sich eine Perücke aus. Sie durchläuft alle Therapiemaßnahmen und überlebt.

Bei den bisherigen Nachsorgeterminen wurde kein Rezidiv, also kein Rückfall, festgestellt. Allerdings bleibt immer eine Restunsicherheit. Der offene Umgang mit der Erkrankung hilft der Frau, sich mit ihren Ängsten und körperlichen Einschränkungen mitteilen zu können. Eine wichtige Ressource ist die soziale Unterstützung, die sie bekommt. Mit ihrem Körper geht sie pfleglich um, ohne eine Schonhaltung einzunehmen. Wie schon vor der Erkrankung, unternimmt sie wieder Reisen, hält ihre Sozialkontakte aufrecht.

Wir finden hier die optimistische Grundhaltung, dass eine Behandlung helfen kann, auch wenn es keine Garantie gibt. Die Frau nimmt die Diagnose an, verleugnet nicht die damit verbundene Lebensbedrohung. Sie ist ehrlich mit sich selbst und mit ihrem sozialen Umfeld und geht lösungsorientiert vor.

Verlassen der Opferrolle

Das Verlassen der Opferrolle ist ein weiterer Resilienzfaktor und wurde schon an verschiedenen Stellen erwähnt. In der Regel sucht man sich die Rolle als Opfer nicht aus. Man wird zum Opfer, wenn man durch Einwirkung von außen Ausgeliefertsein, Hilflosigkeit und Ohnmacht erfährt. Es gibt Menschen, die auch unter extremsten Bedingungen nicht die Opferrolle eingenommen haben, die trotz Lebensbedrohung ihren innersten Kern nicht preisgegeben haben und sich nicht ausgeliefert fühlten, selbst wenn sie ihr Leben schließlich verloren haben. Das erfordert eine innere Haltung, jede Situation anzunehmen, nichts festzuhalten, sondern loszulassen. Die meisten Menschen werden sich unter Bedrohung zunächst ausgeliefert und ohnmächtig fühlen, wenn sie in einer Situation nicht kämpfen und nicht fliehen können.

Wie kann man die Opferrolle wieder verlassen? Eine Voraussetzung kann die äußere Sicherheit sein, eine weitere die Erfahrung von Hilfe. Das wären äußere Wirkfaktoren. Welche innere Entwicklung ist notwendig, um in eine aktive Rolle zu kommen? Das

Denken und Fühlen müsste sich verändern: »Die Bedrohung ist vorbei. Ich kann Hilfe bekommen und mir selbst helfen. Ich habe es überstanden und überlebt. Ich kann jetzt wieder Einfluss auf mein Leben nehmen.« Die Entwicklung solcher Haltungen setzt voraus, dass die erlebte Gefahr tatsächlich vorbei ist.

Was kann das Verlassen der Opferrolle erschweren? Werden Menschen früh und wiederholt zu Opfern in lebensbedrohlichen Situationen und erfahren dabei nicht in ausreichendem Maß Sicherheit und Hilfe, können Ausgeliefertsein und Ohnmacht zu Grundgefühlen werden. Es ist eine Art erlernter Hilflosigkeit.

Diese »erlernte Hilflosigkeit« kann sich allerdings auch durch eine innere Haltung manifestieren, wenn man trotz realer Möglichkeiten, in eine aktivere Rolle zu kommen, in der Opferrolle verharrt. Vielleicht macht man die Erfahrung, dass man in der Opferrolle vermehrte Zuwendung erfährt und sich so entlastet von Verantwortung fühlen kann.

Das ist so lange hilfreich, wie andere Möglichkeiten der Selbsthilfe noch nicht zur Verfügung stehen. Weiterentwicklung hieße, den Weg der Selbstwirksamkeit zu verfolgen. Hilfe von außen kann dafür überbrückend notwendig sein. Bricht man sich ein Bein, braucht man vorübergehend Krücken zur Entlastung, Ziel ist es jedoch, wieder selbstständig gehen zu lernen. Es geht also um ein gesundes Gleichgewicht von sozialer Unterstützung einerseits und Förderung der Selbstwirksamkeit eines Menschen andererseits. Ähnlich ist es auch in der Psychotherapie: Die therapeutische Unterstützung soll nicht in eine Abhängigkeit münden.

Wir kennen Begriffe und Sätze wie »Fördern und Fordern«, Hilfe zur Selbsthilfe, »Neid muss man sich verdienen, Mitleid gibt es umsonst«. Wie betrachten wir einen Menschen, der Schlimmes erfahren musste? Ist es Mitleid oder Mitgefühl? Sehen wir die Bewältigungsmöglichkeiten und die Kraftquellen oder verstärken wir beim Betroffenen Gefühle von Hilflosigkeit und Schwäche?

Die Kunst liegt darin, das passende Gleichgewicht zwischen Würdigung des Leides und Mitgefühl auf der einen Seite und Ermutigung und Stärkung auf der anderen Seite zu finden. Es geht darum, mit beiden Augen auf den Menschen und seine Situation zu schauen. Das betrifft den Blick auf sich selbst und die Spiegelung der anderen Menschen. Wer von sich das Selbstbild hat, schwach und hilflos zu sein, wer sich als Versager fühlt, der »es nicht anders verdient« hat, der wird mit dieser Haltung in der Opferrolle bleiben, sich womöglich sogar über das Opfersein identifizieren. Betrachten andere Menschen eine Person einseitig als Opfer, wird damit auch eine Einstellung vermittelt. Mitleid kann demütigend sein, man fühlt sich klein unter den überlegenen Blicken der vermeintlich Stärkeren.

Schauen wir uns einmal die Berichterstattung von Katastrophen an. Zunächst wird der Blick auf die Opfer und deren Angehörige geworfen. Im besten Fall bekommen sie Mitgefühl statt Mitleid, werden körperlich und seelisch versorgt. Was geschieht dann? Ursachen werden erforscht, Verantwortliche werden gesucht, man möchte Klarheit darüber, wie und warum es zur Katastrophe gekommen ist. Inwieweit aber werden noch lebende Opfer darin gestärkt, wieder in eine aktive Rolle zu kommen?

Erinnern wir uns an die Germanwings-Katastrophe vom März 2015, bei der der Copilot das Flugzeug mit 150 Menschen an Bord vorsätzlich in ein Bergmassiv steuerte. Ein technisches Versagen wäre erträglicher gewesen. Monatelang wurde über die Person des Copiloten berichtet, bis hin zum Brechen der ärztlichen Schweigepflicht. Man möchte das Geschehene ungeschehen beziehungsweise kontrollierbar machen und verliert dabei manchmal die Grenzen aus dem Blick. Wir können nicht jedes Unglück verhindern, doch diese Realität wollen wir oft nicht anerkennen.

Was hilft den Angehörigen? Wir haben von Entschädigungen und entsprechenden Klagen gehört. Das dient der Würdigung ihres Leides ebenso wie die Anteilnahme der Bevölkerung und der Politiker. Es holt sie aber nicht aus der Opferrolle heraus. Jeder Betroffene wird einen individuellen Weg der Bewältigung suchen.

Kann die Gesellschaft, kann das soziale Umfeld dazu beitragen, dass Menschen aus der Opferrolle wieder in eine aktive Rolle kommen, ihr Leben selbstwirksam weiterleben? Die einseitige Fixierung auf Wiedergutmachung und jahrelange Gerichtsverfahren verfestigt die Opferrolle. Um das Leid nicht noch zu vergrößern, müssten wir unser Augenmerk noch auf etwas anderes richten. Hier kommen die schon genannten Resilienzfaktoren ins Spiel. Wir müssten uns bewusst machen, dass es viel Leid in der Welt gibt und dass wir zwar versuchen können, dieses zu lindern, es aber nie gänzlich verhindern und schon gar nicht ungeschehen machen können.

Trotzdem müssen wir nicht die Hoffnung aufgeben, weil das

Leben auch noch viel Gutes bereithält. Menschen können ihr Leid miteinander teilen, sie können sich trösten. Vertrauen kann wachsen, Wunden können heilen. Es hilft den Toten nicht, wenn man das eigene Leben aufgibt. Trauer und Loslassen brauchen ihre Zeit. Dabei ist es gut zu erleben, dass man mit anderen Menschen verbunden ist, dass es Licht im Dunkel gibt, dass man Schicksalsschläge bewältigen kann. Wenn man den Menschen, der Leid erfährt, mit beiden Augen sieht, kann man Mitgefühl und die Zuversicht, dass es Trost und Linderung gibt, vermitteln. Außerdem kann man spiegeln, dass man Vertrauen in die Bewältigung hat. Die Ressourcen sind vorhanden und können im liebevollen Miteinander und im selbstfürsorglichen Umgang verfügbar gemacht werden. Davon wird in den Medien zu wenig gesprochen.

Verantwortung übernehmen

Beschäftigen wir uns jetzt mit dem Resilienzfaktor der Verantwortungsübernahme. Wofür soll Verantwortung übernommen werden? Es gibt doch Menschen, die unter der Last von zu viel Verantwortung zusammengebrochen sind, sind diese etwa zu schwach gewesen? Betrachten wir zunächst die Eigenverantwortung. Jeder erwachsene Mensch ist für sich, seinen Körper, sein Leben verantwortlich.

Wie sieht es mit meiner Selbstannahme und Selbstfürsorge aus? Unterstütze ich meinen Körper darin, gesund zu bleiben, oder verlange ich ihm über die Grenzen hinaus immer mehr ab? Fühle ich mich für alles und jeden verantwortlich und komme ich dabei möglicherweise selbst zu kurz? Übernehme ich viel Verantwortung für andere und erwarte gleichzeitig, dass Vertrauenspersonen sich entsprechend verhalten?

Kompliziert wird es, wenn es unterschiedliche Wahrnehmungen in Bezug auf Grenzen, Bedürfnisse und Wünsche gibt. Vielleicht kennen Sie Anekdoten über alte Ehepaare und deren Annahme, was der jeweils andere Partner mag oder nicht mag. Da hängt seit Jahrzehnten eine Kuckucksuhr im Wohnzimmer und nie wurde kommuniziert, dass beide sie scheußlich finden. Beim Essen »opfert« sich die Frau und isst die Brotkante, weil sie annimmt, dass der

Mann diese auch weniger mag. Jahrzehnte später stellt sich heraus, dass der Mann gerade die Brotkante ganz besonders mag und diese der Frau gegönnt hat.

Man braucht wohl Lernerfahrungen, um zu erkennen, dass man über das sprechen kann und darf, was man möchte und was nicht, ohne dass man deshalb Zurückweisung und Ablehnung erfährt. In der Psychotherapie werden Menschen darüber hinaus aktiv ermutigt, Wünsche zu äußern und auch mal durchzusetzen. Dafür müssten sie aber ihre Bedürfnisse wahrnehmen können und auch die innere Entschlossenheit und Überzeugung haben, dass das ein guter Weg ist. Das wird oft übersehen, wenn man zu schnell Entwicklungsschritte erwartet und Menschen damit möglicherweise überfordert.

Natürlich kann man üben, Nein zu sagen. Im Rollenspiel kann man durchaus testen, wie sich das anfühlt, wenn man sich mal in einer anderen Rolle ausprobiert. Hinterher plagen einen dann womöglich Schuldgefühle, weil man sich egoistisch vorkommt, die Erwartungen anderer enttäuscht hat. Da werden dann die alten Muster wirksam, es fühlt sich unstimmig an. Setzt man sich damit intensiver auseinander und macht auch praktisch neue Beziehungserfahrungen, können sich innere Haltungen verändern, das Neinsagen wird dann leichter.

Verantwortung für sich und sein Leben zu übernehmen, ist kein Alleingang, sondern braucht durchaus auch soziale Unterstützung und Entlastung von zu viel Verantwortung. Es gibt eine enge Verbindung zum Verlassen der Opferrolle: »Ich übernehme Verantwortung und möchte aktiv Einfluss auf mein Leben nehmen, soweit mir das möglich ist.« Wer Verantwortung für sich und sein Handeln übernimmt, fühlt sich nicht mehr ohnmächtig und ausgeliefert.

Verantwortung übernehmen bedeutet aber nicht nur Selbstfürsorge und Abgrenzung. Als Menschen können wir real Fehler machen und auch schuldig werden. Die Verantwortung für das eigene Handeln und die Konsequenzen zu übernehmen, erfordert eine gewisse Reife und Stärke. In der Politik kennen wir die Situation, dass jemand formal die Verantwortung übernimmt. Mit welcher Konsequenz? Die Opposition fordert bei einem Versagen schnell den Rücktritt. Als Gegenargument kommt dann oft, man wolle sich doch nicht aus der Verantwortung stehlen. Mit dieser

Begründung bleibt der Betroffene häufig im Amt. Entscheidend muss nicht sein, ob man die Verantwortung übernimmt und im Amt bleibt oder zurücktritt. Es geht vielmehr darum, das eigene Handeln und die Motivationen zu reflektieren, ehrlich mit sich und den anderen zu sein.

Eine Schuld einzugestehen ermöglicht einen Lernprozess auf beiden Seiten: Bisherige Missstände werden dadurch vielleicht erst offenbar und können behoben werden. Das setzt allerdings voraus, dass es so etwas wie eine Fehlerkultur gibt, dass Menschen sich selbst und anderen verzeihen können und wollen. Dieser Resilienzfaktor betrifft nicht nur das Individuum, sondern unser ganzes Gesellschaftssystem, unser Miteinander. Wir alle zusammen tragen Verantwortung für Werte und Grundhaltungen, für die seelische und körperliche Gesundheit, für soziale Gerechtigkeit und für unsere Umwelt.

Netzwerkorientierung

Die Aspekte Beziehung und Bindung wurden schon im Zusammenhang mit den seelischen Grundbedürfnissen beschrieben. Bei den Resilienzfaktoren finden wir nun auch den Aspekt der Netzwerkorientierung, der mit diesen zu tun hat.

Der Begriff Netzwerk begegnet uns in verschiedenen Zusammenhängen. Wir haben von Netzwerken im Gehirn gehört, im Internetzeitalter kennen wir die digitalen Netzwerke, die auch soziale Netzwerke sind. Als Menschen sind wir soziale Wesen. Soziale Kontakte und Kommunikation sind aber nicht beliebig und austauschbar. Kennen Sie die Geschichte vom hässlichen Entlein? In einer Gruppe von Enten fühlt es sich nicht zugehörig, sondern ausgegrenzt und entwertet. Es erlebt sich als hässlich. In Wirklichkeit handelt es sich um einen Schwan, der in der falschen Gruppe war. Erst in der passenden Gemeinschaft wird das hässliche Entlein zum schönen Schwan.

Unser Selbstbild wird davon beeinflusst, wie man gespiegelt wird, was andere über einen selbst vermitteln. Anderssein führt nicht selten zur Ausgrenzung, das kennen wir im Zusammenhang mit der Flüchtlingsdebatte, dem Fremdenhass, mit verfeindeten Splittergruppen. Menschen können zum Mobbingopfer werden, weil sie anders sind. Das kann auch besonders begabte oder besonders schöne Menschen betreffen, die aus Neid abgelehnt werden.

Bei der Netzwerkorientierung geht es um passende Verbindungen, gemeinsame Interessen und Motivationen: Man möchte miteinander etwas entwickeln und erleben. Die Passung zeigt sich darin, dass es ein Gemeinschaftsgefühl gibt, eine innere Verbundenheit mit gegenseitigem Vertrauen, ein Gleichgewicht zwischen Geben und Nehmen, das aber nicht aufgerechnet wird, so wie wir es von langjährigen Freundschaften kennen. Netzwerkorientierung kann den privaten und den öffentlichen Bereich betreffen.

Der Wissenschaftsautor Stefan Klein schreibt in seinem Buch »Der Sinn des Gebens«, dass Kooperation eine Triebkraft der Evolution ist und dass menschliches Miteinander und das Wohlergehen anderer zu unseren tiefsten Bedürfnissen gehören. Egoisten schneiden danach nur kurzfristig besser ab. Auf längere Sicht haben diejenigen Menschen Erfolg, die sich um das Wohl anderer bemühen.

Der Mediziner, Neurobiologe und Psychotherapeut Joachim Bauer hat sich ausführlich mit den Spiegelneuronen beschäftigt. Diese Nervenzellen sind die Basis von Intuition und Empathie und erklären die Resonanzphänomene (»Warum ich fühle, was du fühlst«).

In unserer spezialisierten Welt sind wir auf Kooperation angewiesen. Das merkt man zum Beispiel bei den Nobelpreisträgern im naturwissenschaftlichen Bereich, wo sich oft mehrere Forscher den Preis teilen, von denen jeder ein Stück zum Ganzen beigetragen hat. Ein Netzwerk beginnt bei der Beziehung zwischen zwei Menschen, in deren Gehirnen sich jeweils bereits ganze Erfahrungswelten in Form von Netzwerken abbilden. Ohne Netzwerkorientierung können wir lebensnotwendige Ressourcen der Umgebung nicht nutzbar machen.

Gefragt ist Flexibilität, also die Bereitschaft, sich verändernden Bedingungen ständig neu anzupassen. Es ist schwieriger geworden, dem Leben einen Sinnzusammenhang zu geben, wenn Lebenspartner zu Lebensabschnittspartnern werden und Berufe zu Jobs, wenn es sich vielleicht gar nicht mehr lohnt, einen Ort als Heimat zu definieren. Auch wenn Lebensläufe zunehmend fragmentiert sind, möchten wir uns dennoch zugehörig fühlen. Bei ständigem Wandel erfordert das einen erhöhten Kraftaufwand. Jeder wird für sich individuell entscheiden, ob Digitalisierung die Netzwerkorientierung auch leichter machen kann. Untersuchungen haben ergeben, dass die

Meinungen darüber auseinandergehen. Die Frage ist offen, inwieweit der leichtere Zugang über die sozialen Medien auf Kosten der Qualität von Beziehungen geht. Man braucht Medienkompetenz, um die riesige Anzahl an Möglichkeiten für sich sinnvoll zu nutzen.

Zukunftsplanung

Befassen wir uns mit dem siebten Resilienzfaktor, der Zukunftsplanung. Im ersten Kapitel haben wir uns bereits mit den Zeitebenen und der Frage nach kurz-, mittel- und langfristigen Zielen beschäftigt. Es war auch schon die Rede davon, dass der Weg wichtiger als das Ziel ist. Auf das eine, vielleicht zu idealistische Ziel hinzuarbeiten, kann auch hinderlich sein, wobei es durchaus Menschen gibt, die alles auf eine Karte setzen und tatsächlich gewinnen. Jeder Mensch entwickelt seine individuelle Strategie und Risikobereitschaft.

Unter Umständen ist es entscheidend, trotz schwieriger Bedingungen überhaupt weiterzumachen, Schritt für Schritt mit Etappenzielen. Die Verhaltenstherapeuten vertreten die Ansicht, dass jedes Problem bewältigbar ist, wenn man den Weg zur Bewältigung nur in entsprechend kleine Schritte aufteilt. Wenn es an Kraft, Orientierung oder Antrieb mangelt, können – wie oben bereits angesprochen – diese Schritte auch sehr klein sein. Der pragmatische Aspekt der Handhabbarkeit im Salutogenesemodell von Antonovsky beinhaltet diesen Resilienzfaktor. Hier schließt sich auch der Kreis zum ersten Resilienzfaktor, wo es darum geht, die Hoffnung nicht aufzugeben.

Mit zunehmendem Lebensalter verschieben sich die Zeitrelationen. In jungen Jahren kann die Zukunftsplanung noch ganze Lebensentwürfe umfassen. Im Alter macht man sich vielleicht eher Gedanken, wie man die überschaubaren Jahre trotz bestehender Einschränkungen so gut wie möglich lebt, um dann auch loslassen zu können.

Die Resilienz eines Menschen hängt eng mit seiner Selbstwirksamkeit zusammen, die ein mächtiger Schutzfaktor ist. Im Wechselspiel mit der Umwelt geht es einerseits um den Realitätsbezug, andererseits um eine hoffnungsvolle Grundhaltung. Die Kunst besteht darin, Realismus und Optimismus in ein gutes (Fließ-)Gleichgewicht zu bringen.

Die amerikanische Entwicklungsforscherin Anne Masten hat einmal gesagt, die größte Überraschung an der Resilienz sei das Gewöhnliche: die Fähigkeit zu denken, zu lachen, zu hoffen, zu handeln, um Hilfe zu bitten, sie anzunehmen und dem Leben einen Sinn zu geben. Nur leider sei das Gewöhnliche eben oft nicht einfach.

Integrationsfähigkeit als Grundlage seelischer Gesundheit

Die Fähigkeit zur Integration vereinigt eine große Spanne an Phänomenen in einer Persönlichkeit. Im vierten Kapitel haben wir uns im Zusammenhang mit den Traumafolgestörungen damit beschäftigt, wie es sich auswirkt, wenn Erfahrungen nicht integriert werden können, weil die Bewältigungsmöglichkeiten (noch) nicht ausreichen, um das (bisher) nicht Aushaltbare ins Bewusstsein zu lassen. Dissoziation, die Desintegration von Erinnerung, Wahrnehmung und Bewusstsein, ist eine Überlebensstrategie und damit eine Anpassungsleistung unter Extrembedingungen. Wir haben als Menschen die Fähigkeit der Abspaltung als Schutzmechanismus um den Preis, dass wir weniger wahrnehmen und eine Verarbeitung des Erlebten nicht stattfindet. Menschen mit einer hohen Verdrängungskraft können damit durchaus zurechtkommen. Es besteht nicht der Anspruch, alles verarbeiten zu müssen. Auch in einer Psychotherapie sollte man keine »archäologischen Ausgrabungen« in Bezug auf mögliche Traumatisierungen anstreben, denn das kann mitunter sehr schaden. Es geht nicht darum, einen bisherigen Schutzwall niederzureißen, sondern vielmehr um den konstruktiven Prozess, die Integrationsfähigkeit zu verbessern.

Bedeutung des Toleranzbereiches für die Integrationsfähigkeit

Wir haben uns mit dem Toleranzbereich auseinandergesetzt, der insbesondere bei traumatisierten Menschen eng sein kann, weil das Alarmsystem zu scharf gestellt ist und viele Auslösereize die »Traumanetzwerke« im Gehirn mit den entsprechenden Stress- und Verteidigungsreaktionen aktivieren. Außerhalb des Toleranzbereiches kommt es zu Übererregungs- und Untererregungszuständen, die Wahrnehmung für das Hier und Jetzt leidet in beiden Fällen.

Lernen, Verarbeitung und Integration, die Einordnung des Erlebten in einen Sinnzusammenhang – das alles findet innerhalb des Toleranzbereiches statt. Ziel ist es dabei nicht, alles aushalten zu müssen, noch resistenter zu werden, selbst wenn die Bedingungen immer widriger werden. Es gibt auch die Verantwortung einer Gesellschaft, Ursachen für Missstände anzugehen. Nicht jeder hat die Möglichkeit, so viele Schutzschilde gegen Stress aufzubauen. Man darf den Begriff der Resilienz nicht überstrapazieren und Entscheidungsträger nicht aus ihrer Verantwortung entlassen.

Unter Berücksichtigung dieser Grenzen können wir uns näher damit beschäftigen, was den Toleranzbereich verbreitert und die Integrationsfähigkeit verbessert. Um welche Aspekte könnte es gehen, welche große Spanne an Phänomenen macht die Integrationsfähigkeit aus? Wir haben von Flexibilität und Passung gehört. Es gibt äußere Umstände, die eine Entwicklung fördern oder erschweren. Die innere Einstellung beeinflusst, ob man sich bietende Möglichkeiten nutzt.

In Bezug auf Ihre eigene Wahrnehmung und Ihr eigenes Bewusstsein können Sie sich an folgenden Fragen orientieren:

Wie ist das Selbsterleben, was sind die Denkmuster?
Was drückt der Körper aus?
Wie ist die Selbstfürsorge?
Wie gut sind die Gefühlswahrnehmung und die Gefühlsregulation?
Wie sind die Beziehungserfahrungen?

Menschen, die erlittene Verletzungen noch nicht verarbeitet und integriert haben, leiden unter Störungen von Wahrnehmung und Bewusstsein. Die erschwerte Gefühlsregulation kann sich in selbstschädigenden Verhaltensweisen und in vielfältigen Körperbeschwerden zeigen. In Beziehungen fehlt es oft an Vertrauen, Selbst- und Weltbild sind verändert.

Es ist darum sinnvoll, seelische Gesundheit anzustreben. Das bedeutet

- Vertrauen in sich und die Welt zu haben,
- authentisch zu sein und das eigene Leben zu gestalten,
- sich und sein Leben anzunehmen, sich weiterzuentwickeln und zu reifen,

- zu erkennen, was einem wirklich wichtig ist, was Sinn macht,
- ehrlich mit sich und den eigenen Motivationen zu sein,
- sich abzugrenzen von schädlichen Einflüssen,
- sich eingebunden zu fühlen in ein größeres Ganzes,
- Achtsamkeit und Zugang zur »inneren Weisheit« zu spüren.

Die genannten Aspekte sind als einzelne Faktoren so nicht definiert, es sind meine Gedankenverknüpfungen, die Sie weiter ausbauen können, wenn Sie in sich hineinhorchen.

Der Schriftsteller Jonas Jonasson hat unter anderem den Weltbestseller »Der Hundertjährige, der aus dem Fenster stieg und verschwand« geschrieben. Den Erfolg seines ersten Buches erklärt er sich zum Teil damit, dass die Leser nicht aus ihren eigenen Fenstern klettern, aber es in ihrer Phantasie mit dem Hundertjährigen tun. Jonasson zufolge sollten wir in unserem Leben wenigstens zwei-, dreimal aus dem Fenster klettern und mit etwas völlig Neuem beginnen. Wenn er sich viele Sorgen mache, so der Autor, helfe es ihm, wenn jemand ihn frage, was er fürchte und ob es etwas gebe, was er tun könne. Wenn er verstehe, fühle er sich besser.

In Jonassons Worten finden wir die Verstehbarkeit und die Selbstwirksamkeit wieder. Er selbst ist in seinem Leben aus dem Fenster geklettert: Nach Gründung einer Medienberatungsfirma mit 100 Mitarbeitern hat er das Unternehmen verkauft und ist Schriftsteller geworden. Für seine Identität als Schriftsteller, so sagt er, brauche er keine großen Verkaufszahlen und keine weitere Karriere. Was er brauche, sei ein ruhiger Geist.

In der Auseinandersetzung mit folgenden Fragen können Sie sich orientieren, wie Sie sich und Ihr Leben bewerten. Nehmen Sie Ihre Wünsche und Motivationen bewusst wahr und beobachten Sie Ihre Gefühle und Reaktionen.

Sind Sie schon einmal aus dem Fenster geklettert, in Ihrer Phantasie oder auch in Ihrem realen Leben?
Wünschen Sie sich eine neue Weichenstellung in Ihrem Leben?
Wofür lohnt sich die Anstrengung?
Sehnen Sie sich nach Erfolg und Anerkennung, oder ist es eher der ruhige Geist, den Sie sich wünschen?
Können Sie Ihr Leben annehmen, oder träumen Sie von einem anderen Leben?

Haben Sie Angst vor dem Tod? Wenn ja: Liegt darin vielleicht auch eine Angst vor dem Unerfüllten, Angst, das eigene Leben verpasst zu haben?
Können Sie sich vertrauensvoll auf das Leben einlassen – mit einem wachen Geist und einem offenen Herzen?
Wer oder was ermutigt Sie?

Wenn es um die Integrationsfähigkeit geht, brauchen wir die Annäherung an einen möglichst breiten Toleranzbereich. In einem Zustand der Übererregung, der sich in Angst, Reizbarkeit, Unruhe zeigen kann, ist hilfreich, was der Beruhigung dient: Sicherheit, Reizabschirmung, Vertrauenspersonen, Alltagsstruktur. Wenn man sehr unter Stress steht, vergisst man leicht, gegenzuregulieren, setzt sich eher noch weiter unter Druck.

Äußere und innere Sicherheit sind oft nur bedingt herstellbar. Gerade in Umbruchzeiten muss man auch Unsicherheit ertragen. Trotzdem kann man sich fragen was man tun kann, wo es Einflussmöglichkeiten gibt. So gerät man nicht in Ohnmachts- und Hilflosigkeitsgefühle, bleibt in einer aktiven Rolle. Reizabschirmung bedeutet nicht einfach passiven Rückzug, sondern ein aktives Filtern und Zurücknehmen, eine Reduktion auf kleine Schritte im Hier und Jetzt. Wenn man im Außen nicht mehr so abgelenkt ist, kann man sich mehr um die inneren Prozesse und die wirklichen Bedürfnisse kümmern. Das wird in unserer schnelllebigen hektischen Welt zunehmend vermieden. Achtsamkeit, Entspannung, Ruhe erfordern Übung, Zeit und Raum.

Manchmal sind Vertrauenspersonen nicht verfügbar, erschüttertes Vertrauen muss erst wieder wachsen. Die Erfahrung von sozialer Unterstützung ist eine wichtige Bedingung: Es gibt Hilfe im Gesundheits- und Sozialsystem, zum Beispiel durch Ärzte, Therapeuten, Sozialarbeiter, Beratungsstellen, Telefonseelsorge. Man kann sich auch besinnen, welche Menschen bisher unterstützend waren, welche Kontaktmöglichkeiten vorhanden sind. Das können zum Beispiel Begegnungsstätten, Kirchengemeinde, Chor oder ein Sportverein sein. Die Alltagsstruktur kann ebenfalls beruhigend wirken: regelmäßige Mahlzeiten, Schlaf- und Ruhezeiten, körperliche Bewegung, Einkaufen, Kochen, Wäschewaschen, Putzen, die Bearbeitung der Post. Vertrautes fühlt sich stimmig an, reduziert Ängste.

In einem Zustand der Untererregung sind Wahrnehmung und Bewusstsein mehr oder weniger abgespalten. Um in den Toleranzbereich zu kommen, braucht es eine Öffnung für Reize, die nicht bedrohlich und abschreckend sind. Die Natur bietet für die meisten Menschen Möglichkeiten, natürliche Schönheit zu erleben. Die passende Musik, tröstende Worte in der Literatur, kreativer Ausdruck in der Kunst können innere Saiten in Schwingung bringen, seien sie auch noch so fein und leise. Achtsamkeit im Hier und Jetzt ist wie bei der Übererregung der Schlüssel, um zu dem Schatz der Kraftquellen zu gelangen.

Jedem von uns sind Zustände der Über- und Untererregung vertraut. Diese können auch schnell wechseln. Bei guter Selbstwahrnehmung und Selbstfürsorge können wir die beschriebenen Regulationsmöglichkeiten nutzen. Damit stärken wir die Selbstwirksamkeit, diesen mächtigen Schutzfaktor. Aus den vorangegangenen Kapiteln wissen wir, was es braucht, um die körperlichen und seelischen Bedürfnisse zu erkennen und zu befriedigen. Es sind Entwicklungsprozesse auf Gedanken-, Gefühls- und Körperebene sowie im spirituellen Bereich. Wir üben uns dabei in Geduld, Ausdauer und Frustrationstoleranz, erleben aber auch Schritt für Schritt Neues. Jede Problembewältigung stärkt das Vertrauen, jedes noch nicht bewältigte Problem trainiert Fähigkeiten wie das Ertragen von Unsicherheit, die Bereitschaft, sich Hilfe zu holen, oder das Realisieren der eigenen Grenzen.

Was findet im Toleranzbereich statt? Innerhalb einer gewissen Spannbreite nehmen wir Reize auf, die eine Wirkung auf Körper und Geist haben. Auf bewusster Ebene können wir denken, was die Situation ist und welche Bedeutung sie für uns hat. Wir können fühlen, was in Bewegung gesetzt wird, dazu gibt es ein Körpererleben. Einen großen Anteil an Reizen filtern wir weg, damit das Verarbeitungssystem nicht permanent überlastet ist. Diese Filterfunktion ist ein wesentlicher Bestandteil der Integrationsfähigkeit. Wir kennen Menschen mit einer Hypersensibilität für Reize, die in ihrer Fülle anstrengend sind, überfordern können. Sensible Menschen benötigen mehr Kraft, um die Reize zu filtern beziehungsweise die Reizfülle zu verarbeiten. Allerdings haben sie auch eine besondere Wahrnehmung, was sich bei Künstlern in kreativer Weise zeigt.

Unter Stress verschiebt sich der Filter: Wir sind überwachsam für Bedrohliches, reagieren schnell auf entsprechende Auslösereize. Die

Gesamtsituation und der Sinnzusammenhang werden teilweise bis vollständig ausgeblendet. Wir können uns das wie einen Scheinwerfer vorstellen: Die Aufmerksamkeit richtet sich auf etwas Bestimmtes, anderes tritt in den Hintergrund. Unter starkem Stress entscheiden wir nicht mehr frei, was in den Vordergrund rückt. Solange wir im Toleranzbereich sind, haben wir Einflussmöglichkeiten, weil wir bewusst wahrnehmen und aktiv entscheiden können. Dann lenken wir selbst den Scheinwerfer unserer Aufmerksamkeit.

Aufmerksamkeitsstörungen

Was beeinflusst die Aufmerksamkeit? In unserer modernen Zeit scheint es immer mehr Kinder, Jugendliche und Erwachsene mit Aufmerksamkeitsstörungen zu geben. Was könnten Ursachen sein? Kinder haben einen natürlichen Bewegungsdrang. Sie sind neugierig, haben viele Fragen. Das Schulsystem könnte zu starr sein, um die Bedürfnisse mancher Kinder angemessen zu befriedigen. Dabei können viele Faktoren eine Rolle spielen: Personalmangel, zu wenig Raum, Lehrplan, Bewegungsmangel, Reizüberflutung durch übertriebene Förderung und Medien. Das wären äußere Einflüsse. Jedes Kind ist individuell, hat ein anderes Tempo, bringt seine Persönlichkeit mit und die bisherigen Lebenserfahrungen. Für das eine Kind mag das Schulsystem passen, für das andere nicht. Vielleicht zeigt sich die fehlende Passung in der Aufmerksamkeitsstörung, die als Krankheitsdiagnose das Kind in eine Schublade steckt. Bekommt es Medikamente, wird es sich selbst als krank definieren, wodurch das Selbstbild und auch das Gefühl von Selbstwirksamkeit verändert werden.

Was könnten innere Faktoren sein? Bei hyperaktiven Kindern mit Aufmerksamkeitsstörungen vermutet man eine Unterstimulation des Gehirns. Nach dieser Hypothese suchen die Kinder vermehrt Reize im Außen, damit das Gehirn den Mangel ausgleicht. Das würde deren Unruhe und Umtriebigkeit erklären, sie können sich nicht längere Zeit auf eine Sache konzentrieren. Ein Amphetamin stimuliert auf medikamentöser Ebene das Gehirn, weshalb mit vermehrter Diagnose eines ADHS die Verordnung massiv zugenommen hat. Wir dürfen aber nicht übersehen, dass es auch andere Gründe für Aufmerksamkeitsstörungen und Überaktivität geben kann: Von den Bindungsstörungen wissen wir, dass traumatisierte Kinder ein auffälliges Verhalten zeigen können.

Aufmerksamkeitsdefizite und Hyperaktivität können Ausdruck von Übererregungszuständen im Sinne des Überlebens sein. Wird ein Kind nicht in seinen individuellen Bedürfnissen gesehen, kann auch ein nicht traumatisiertes Kind »auffällig« werden, weil es die vielleicht unangemessenen Erwartungen nicht erfüllt, die Passung nicht stimmt. Hochbegabte können im falschen Umfeld soziale und Leistungsprobleme bekommen, weil sie anders sind, nicht verstanden werden, in ihren Begabungen nicht entsprechend gefordert und gefördert werden.

Flexible Anpassung an Rahmenbedingungen

Sich bestimmten Rahmenbedingungen flexibel anpassen können, ist eine Fähigkeit, die ihre Grenzen hat, wenn das Umfeld trotz aller Bemühungen die nötigen Ressourcen nicht zur Verfügung stellt. Dann braucht es eine äußere Veränderung, einen passenderen Rahmen. Bei den genannten Beispielen erkennen wir die Wechselwirkungen des individuellen Menschen mit dem Umfeld. Die Persönlichkeitsentwicklung selbst ist wiederum beeinflusst durch die Beziehungserfahrungen und die Sozialisation in einer Gesellschaft zu einer bestimmten Zeit. In der Antike, im Mittelalter oder in verschiedenen Epochen der Neuzeit wäre das eigene Leben anders verlaufen.

Was sind Verarbeitungsschritte? Das Filtern von Reizen steht in enger Beziehung zur Verarbeitungskapazität. Was verarbeitet werden soll, muss aushaltbar sein. Es müssen Bewältigungsmöglichkeiten zur Verfügung stehen. Sowohl Überforderung als auch Unterforderung sind hinderlich. Wird etwas als Herausforderung erlebt, ist das Vertrauen auf eine Bewältigung vorhanden. Man erlebt sich als entwicklungsfähig, kann die nötigen Ressourcen mobilisieren. Bei der Verarbeitung geht es um die Einordnung in einen Gesamtzusammenhang, wie wir bereits bei der Beschäftigung mit dem Gehirn erfahren haben. Die Verstehbarkeit, die Gestaltbarkeit und die Sinnhaftigkeit haben Holocaustüberlebenden wie Aaron Antonovsky und Viktor Frankl, dem Begründer der Logotherapie, geholfen. Sie haben nicht nur überlebt, sondern haben sich um die seelische Gesundheit gekümmert, auch in Bezug auf ihr eigenes weiteres Leben.

Die *Realisation* ist ein Verarbeitungsschritt. Man lässt ins Bewusstsein, was passiert ist, und erfasst die Dimensionen der Situation, der Gedanken und Bewertungen, der Gefühle und der Körperempfindungen und Körperreaktionen. Ein weiterer Schritt ist die *Präsentifikation:* Man erlebt sich in der Gegenwart, im Hier und Jetzt und kann ein früheres Ereignis auch gefühlsmäßig der Vergangenheit zuordnen. Ein dritter Verarbeitungsschritt ist die *Personifikation.* Man ist selbst betroffen, nicht eine dritte Person. Zu realisieren, was man in einer bestimmten Zeit selbst erlebt hat und was das jetzt in der Gegenwart für das eigene Leben bedeutet, das ist Verarbeitung. Die Zukunftsorientierung, ein Resilienzfaktor, ist wesentlich für das Weiterleben, um nach Belastungen nicht zu verbittern oder an der Vergangenheit zu zerbrechen.

Lebensmotive

Die Integrationsfähigkeit ist ein Zusammenspiel von Bedürfnissen, Zielen, Ressourcen und Bewältigungsstrategien. Um Ziele zu erreichen, Bedürfnisse zu befriedigen, sind Mittel und Wege erforderlich. Die Auswahl der Ressourcen und das angestrebte Ziel sind bereits Teil der Strategie, das Bedürfnis zu erfüllen. Durch die Verknüpfung von Bedürfnissen, Zielen, Ressourcen und Strategien entstehen innere Gleichgewichte, Ordnungssysteme. Darin finden wir Lebensmotive wieder, das, was uns antreibt, was uns wichtig ist.

Stellen Sie sich vor, Sie würden mit mehreren Bällen jonglieren. Dafür braucht es viele Fähigkeiten: Konzentration, Ballgefühl, Koordination, Übung. Es ist eine lebenslange Herausforderung, die körperlichen und seelischen Grundbedürfnisse im Wechselspiel mit sich verändernden Umweltbedingungen und inneren Entwicklungsprozessen zu befriedigen. Dazu kommen noch die körperlichen Veränderungen mit zunehmendem Lebensalter und der Wandel von Lebensmotiven. Es macht die Lebenskunst und die Lebendigkeit aus, erfordert aber auch Lebensenergie und die Motivation, sich dieser Herausforderung immer wieder zu stellen. Betrachten wir uns mögliche *Lebensmotive* genauer, für die wir Energie mobilisieren, die umgekehrt aber auch Antrieb und Motor sind.

Nehmen wir das Lebensmotiv Schönheit. Welche Mittel und Wege setzen Menschen ein, um einem Schönheitsideal zu entsprechen? Sie trainieren ihren Körper, lassen sich operieren, machen Diät, investieren in Kleider, Kosmetika und vieles mehr. Das kann zum Lebensinhalt werden. Dem Ziel möglichst nahe zu kommen, gibt Orientierung und Kontrolle. Das Beziehungsnetz wird von diesem Lebensmotiv wesentlich mitbestimmt. Schön zu sein, kann den Selbstwert schützen und erhöhen.

Ein weiteres Lebensmotiv kann sein, einen bestimmten Status zu erreichen. Man sucht nach Mitteln und Wegen, um möglichst viel Geld zu verdienen, Kontakte zu bestimmten Menschen zu knüpfen, Erfolg zu haben. Man möchte dazugehören und darüber auch den Selbstwert erhöhen.

Menschen in der »Midlifecrisis« haben Probleme mit dem Älterwerden. Ein Lebensmotiv könnte sein, jung bleiben zu wollen, auch wenn das nicht ganz realistisch ist. Strategien könnten sein: Man sucht sich einen jüngeren Partner. Man läuft Marathon. Man verhält sich wie ein Teenager. Eine andere Strategie wäre die Auseinandersetzung mit dem Älterwerden, was kurzfristig schmerzhaft sein kann, langfristig aber realistische Perspektiven öffnet.

Betrachten wir das Lebensmotiv Teamorientierung. Man möchte Teil einer Gemeinschaft sein, mit anderen zusammen etwas erreichen. Man macht sich auf den Weg, um Gleichgesinnte zu finden. Mit dem Motiv verknüpft man die Befriedigung der Bedürfnisse.

Die Gründung einer Familie kann ein Lebensmotiv sein. Auch dafür braucht es Ressourcen und Strategien. Dabei müssen immer wieder neue Gleichgewichte geschaffen werden, wenn die Kinder größer werden und andere Lebensbereiche ebenfalls wichtig sind.

Es gibt viele Lebensmotive, die oft gleichzeitig vorhanden sind und miteinander konkurrieren können. Man möchte Anerkennung und emotionale Ruhe, man hat Kinder und berufliche Ziele, man möchte körperlich fit sein und Zeit zur Entspannung haben. Wenn man mehreres gleichzeitig will, ist das ein Jonglieren mit vielen Bällen. Mit Übung und Zeit kann das gelingen, es kann aber auch überfordern. In der Persönlichkeitsentwicklung und in Abhängigkeit vom Lebenslauf mit den äußeren Einflüssen wandeln sich Lebensmotive. Es bietet sich nicht jede Chance, die man sich wünscht. Familien können zerbrechen, Arbeitswelten verändern sich. Was man an Erfahrung gewinnt, verliert man vielleicht an Körperkraft. Dem Idealismus folgt womöglich die Ernüchterung.

Bei der Integration bisheriger Lebenserfahrungen kann helfen, sich über die eigenen Lebensmotive klarer zu werden:

Was gibt Kraft, was kostet Kraft?
Was erlebt man als sinnvoll?
Welche Ressourcen stehen zur Verfügung?
Welche Strategien werden verfolgt?
Wo zeigen sich Hemmungen und Ängste?
Werden anstehende Entwicklungsaufgaben vermieden?

Offenheit für den Wandel

Wenn man in einer Lebenssituation feststeckt, Leidensdruck hat, kann man sich fragen, in welchem Zusammenhang ein bestimmtes Problem entstanden ist, welche Rolle Bewertungen, Verhaltensmuster, Lebensmotive spielen. Man kann versuchen, anstehende Entwicklungsschritte zu definieren. Dabei gibt es erschwerende und begünstigende Faktoren. Dann wird es um erste Schritte in Richtung der angestrebten Entwicklung gehen. Man überprüft die Ressourcen, das, was an Mitteln zur Verfügung steht, und die möglichen Strategien, die Wege, die langfristig zielführend sein sollen. Das Zusammenspiel all dieser Faktoren macht die Integrationsfähigkeit aus. Seelische Gesundheit stellt immer wieder einen Entwicklungsprozess dar, Beschwerden können Ungleichgewichte signalisieren. Zunächst versucht jeder Mensch, mit den bisherigen Bewältigungsmustern ein Gleichgewicht zu finden, das ist erst einmal zu würdigen. Erst wenn der Leidensdruck groß ist, wird man Denkmuster, Motive und Strategien hinterfragen. Ziel ist ein gesünderes Gleichgewicht, mit dem man sich wohlfühlt. Nichts bleibt, wie es ist. Wir können uns in der Kunst üben, die Möglichkeiten der aktuellen Lebenssituation zu erkennen und zu nutzen. Für den Wandel gilt es offen zu sein. Wir entwickeln uns weiter, reifen mit jeder Lebensaufgabe, die uns abverlangt wird und der wir uns stellen.

Schluss

Ich hoffe, dieses Buch hat Sie angeregt, mit sich selbst in Kontakt zu kommen und von innen nach außen zu wachsen. Ich bin mit Ihnen in einen Dialog getreten mit verschiedenen Lebenswelten vor Augen. Ich habe Ihnen nicht die fertigen Antworten, nicht das Patentrezept, nicht die Ratschläge für ein gelingendes Leben gegeben. Das Potential, die innere Weisheit, die Ressourcen sind in Ihnen selbst vorhanden und können sich weiterentwickeln. In Gedanken und Gefühlen bin ich mit Ihnen gemeinsame Wege gegangen, habe mit Ihnen Erfahrungen geteilt. Mir ist bewusst, dass es nicht leicht ist, in einer globalisierten und zunehmend fragmentierten Welt den Sinnzusammenhang immer wieder zu schaffen oder zu erhalten. Langfristige Ziele und Nachhaltigkeit erfordern noch andere Fähigkeiten als der kurzfristige Erfolg, nämlich Geduld, Ausdauer, Bewusstheit, Klarheit und Verantwortungsübernahme.

Nehmen Sie dieses Buch als Einladung, sich auch weiterhin mit Ihren Bedürfnissen in Wechselwirkung mit Ihrem Umfeld zu beschäftigen, bestehende Gleichgewichte zu würdigen und gleichzeitig offener und mutiger zu werden, wenn es um notwendige Veränderungen und Entwicklungsschritte geht, weil die körperliche und seelische Gesundheit leiden. Wir haben den Vorhang auf der Bühne unseres Lebens geöffnet, zurück bleibt der Stoff unseres Lebens, der »Lebensteppich«, zusammengesetzt aus vielen Teilen (»Patchwork«), die integriert etwas Individuelles, Echtes, Schönes ergeben, wenn wir mit einem liebevollen Blick und mit beiden Augen darauf schauen.

Entwicklung und Wachstum werden als Begriffe in verschiedenen Zusammenhängen verwendet. In einer Leistungsgesellschaft geht es um Konsum, der oft eine Ersatzbefriedigung darstellt und deshalb regelrecht süchtig machen kann. Die dahinterstehende Motivation folgt der Macht des Geldes. Glückliche und zufriedene Menschen brauchen solche Ersatzbefriedigungen nicht, sie werden auch nicht immer mehr konsumieren, weil sie ihre wirklichen

Bedürfnisse anders befriedigen. Vertrauensvolle Beziehungen, Eigenverantwortung und gesamtgesellschaftliche Verantwortung, gegenseitige Unterstützung und ein respektvoller, achtsamer Umgang sind der fruchtbare Boden, damit langfristig etwas wachsen kann, die Grundbedürfnisse gestillt werden. Bei allem Fortschritt, der durchaus neue Möglichkeiten erschließt, wird kein Roboter je die menschliche Zuwendung ersetzen. Es braucht eine gesunde Abgrenzung von Heilsversprechen und Manipulationen, die durch die zunehmende Digitalisierung stärker in unser Leben eingreifen. Um Gestalter des eigenen Lebens zu sein und zu bleiben, ist es gut, Zusammenhänge zu verstehen, Wahrnehmung und Achtsamkeit zu üben, Mitgefühl mit sich und den anderen zu nähren. Es sind Gefühle der Verbundenheit und des Sinnzusammenhanges, die die Vertrauensbasis schaffen. Auf dieses Fundament kann man bauen mit der Freiheit, das eigene Leben zu gestalten. Es geht darum, Schritt für Schritt zu gehen und die Hoffnung nicht aufzugeben.

Bei allen Prägungen, die uns geformt haben, gibt es lebenslang Entwicklungschancen und Transformationsprozesse. Wenn äußere, Halt gebende Strukturen wegfallen, brauchen wir zunehmend den inneren Halt, der gestärkt wird durch vertrauensvolle Beziehungserfahrungen. Eine Gemeinschaft erfährt Zusammenhalt durch gemeinsame Motivationen und Ziele, Menschen machen sich gemeinsam auf den Weg.

Der Glaube an das Potential, das in jedem Menschen angelegt ist, stärkt die Ressourcen und die Selbstwirksamkeit. Es geht nicht darum, sich immer noch mehr anzustrengen, sondern sich vielmehr ergreifen zu lassen von den eigenen inneren Impulsen, die zur Verwirklichung drängen. Das Kohärenzgefühl entwickelt sich im empathischen Miteinander unter Würdigung der gegenseitigen Grenzen. Wir können wirksam sein, das Leid in der Welt zu lindern. Wir können uns Trost geben, Lasten teilen, uns im Annehmen und Loslassen üben, uns dem Leben hingeben. Für unsere Entscheidungen brauchen wir als Wegweiser die Wahrnehmung von Gefühl und Körper, sonst würden wir uns verlieren. Ohne neue Erfahrungen werden sich unsere Haltungen und Verhaltensmuster nicht wandeln. Wenn wir lernen, der eigenen Wahrnehmung zu trauen, schaffen wir die Möglichkeit, die innere Weisheit zu erspüren und zu Hilfe zu nehmen. Das ist wirksamer als jeder allgemeine

Ratgeber. Deswegen verstehe ich dieses Buch nicht als Ratgeber, sondern vielmehr als Wegweiser zu sich selbst.

Ich hoffe, dass dieses Buch dazu beiträgt, mit verstehendem Blick bewusst Rahmenbedingungen zu schaffen für ein gelingendes Leben. Vielleicht finden Sie beim Lesen und Reflektieren etwas wieder, was Sie meinten, verloren zu haben. Geben Sie Ihrer Entwicklung Zeit und Raum und lassen Sie sich inspirieren von dem, was Sie mit einer offenen, weiten und vertrauensvollen Haltung wahrnehmen und leben können.

Literatur

Bauer, Joachim: Warum ich fühle, was du fühlst. Intuitive Kommunikation und das Geheimnis der Spiegelneurone. München (Heyne Verlag) 2006.

Brisch, Karl Heinz: Bindungsstörungen. Von der Bindungstheorie zur Therapie. Stuttgart (Verlag Klett-Cotta) 1999.

Dehner-Rau, Cornelia / Reddemannn, Luise: Gefühle besser verstehen. Stuttgart (TRIAS Verlag) 2010.

Dorst, Brigitte: Resilienz. Seelische Widerstandskräfte stärken. Ostfildern (Patmos Verlag) 2015.

Klein, Stefan: Der Sinn des Gebens. Frankfurt a.M. (S. Fischer Verlag) 2010.

Reddemann, Luise / Dehner-Rau, Cornelia: Trauma heilen. Ein Übungsbuch für Körper und Seele. Stuttgart (TRIAS Verlag) 2012.

Reddemann Luise: Kriegskinder und Kriegsenkel in der Psychotherapie. Folgen der NS-Zeit und des Zweiten Weltkriegs erkennen und bearbeiten – Eine Annäherung. Stuttgart (Verlag Klett-Cotta) 2015.

Willi Jürg: Wendepunkte im Lebenslauf. Persönliche Entwicklung unter veränderten Umständen – die ökologische Sicht der Psychotherapie. Stuttgart (Verlag Klett-Cotta) 2007.